JN097509

寄り添い・ともに考える

事例解決 若手保育者の育て方

立教大学現代心理学部教授　淑徳大学総合福祉学部准教授　淑徳大学総合福祉学部准教授
編著　原　　信夫・江津　和也・桃枝　智子

ぎょうせい

はじめに

　保育者を目指して、専門学校、短大、大学などの保育者養成校に、毎年一定数の学生が入学しています。例えば、指定保育士養成施設に入学した学生の数は、平成30年の調査では4万6千人を超えています。しかし、卒業生のうち、15％の学生が保育所や関連する福祉施設ではなく、一般企業での就職を選んでいます。また、ハローワークを訪れた求職者のうち、保育士資格を持った人の半数が、保育職以外の求人を希望しているという数字もあります。保育職以外を希望する理由として、保育施設での待遇面や責任の重さが挙げられています。

　子ども・子育て支援新制度が平成27年4月からスタートし、各自治体で保育の現場・魅力の向上に向けた試みが行われているなか、そうした取組みや努力は、世間にあまり伝わっておらず、むしろ保育職の大変さの方が強調されて伝えられているように思います。

　これらの状況を反映してか、保育所の新規採用に応募者が集まらないという話を聞くようになってきました。保育所だけでなく、幼稚園や認定こども園でも、人材確保が難しくなっている現状があります。調査の結果を見ても、採用において必要人数より採用人数が少ないと答えた保育施設の数は年々上昇しています。

　また、やっとのことで採用したとしても、若い保育者が数年で退職してしまうという話もよく聞きます。私が保育者養成校で教員をしていたときにも、卒業生から、保育施設を辞めたいがどうしたらよいかという相談を受けることがありました。

　新しく職に就いた人が、職場の現実と、自分が抱いていた理想や価値観との違いに衝撃を受けることをリアリティショックといい、若者の離職の要因として研究されてきました。リアリティショックは、仕事内容と対人関係の2つの領域で主に体験されます。保育職では、わずか20歳そこそこの年齢で、子どもたちの保育だけでなく、保護者への対応や先輩保育者との関係、様々な業務をこなす必要など、リアリティショック

を引き起こしやすい環境がそろっていると言えるのかもしれません。

　本書は、こうした現状のなかで、若手保育者を採用し、育て、生き生きと仕事を続けてもらうにはどうしたらよいか、そのヒントを示すことを目的として編まれました。執筆には、保育所や幼稚園等、保育施設の理事長などの経営者、園長、副園長、主任など管理職のベテランをはじめ、保育者養成校の教員も加わっています。

　どのように保育者を採用するか。どのように若手保育者を育成するか。そして保育者の離職を防ぐためのサポートとして、どのような取組みがあるか。様々な事例を検討しながら具体的に述べました。

　ここで挙げた例は、いくつかの保育施設での、限られた取組みの一例ですが、そこで示された考え方や姿勢は、どの保育施設にも共通して求められることだと考えています。

　本書は4章からなり、「採用」、「若い保育者の現状」、「若い保育者のサポート」、「管理職のあり方」という構成になっています。最初から読み進めていただいてもかまいませんが、関心のある章、節から読んでいただいてもかまいません。各章は、それだけで完結した内容になっています。執筆者がそれぞれの立場から見解を述べていますが、全体として、チームとして若手保育者を育てていく、という共通の考え方に基づいて書かれました。

　若手保育者の採用、育成、そして職場への定着について、本書で挙げた保育施設での取組みや対応を参考にしていただき、一人でも多くの保育者を支えることの助けになればと願っています。

　令和4年3月

　　　　　　　　　　　　　　　　　　　　　　編者を代表して
　　　　　　　　　　　　　　　　　　　　　　原　　信夫

● 目　次 ●

はじめに

第1章
若手保育者の育成は採用から始まる

　第1章では、若手保育者が保育施設に就職する前の段階に着目します。第1節では、保育者の「卵」である保育者養成校の学生たちが、どのようなことを学び、いかに養成されているか、また数多くの求人の中から、どのように就職先を選択しているのか。その現状について、保育者養成校の教員の立場から述べます。保育者養成のあり方は、学生の就職先選択に大きく影響しています。就職先を選んだ理由を知ることは、早期離職を防ぎ、若手保育者を育てていく上で、大きな示唆を与えるものであると思います。

　第2節では、保育者不足にともなう「売り手市場」とも言える状況の中、保育施設が保育者の確保のため実際に何をしているのか、保育所を事例として、現職園長が豊富な事例をもとに述べます。待っていては良い保育者を採用することはできません。様々な工夫や努力が行われています。採用段階から良い保育をおこなう保育者の育成が始まっているとも言えます。そのためのヒントが含まれています。

1　「売り手市場」の中で学生たちは、何を学び、どのように就職先を選んでいるか

　今日、少子化が進んでいても、都市部においては待機児童対策のために保育所など保育施設の数が増加傾向にあります。そのため、保育士などの求人数はとても多いです。

　このような「売り手市場」の状況にあって、いかに保育者を確保していったらよいのか、保育所や幼稚園の園長先生にとっては頭の痛い問題のようです。私たち保育者養成校の教員が、保育関係団体の会合に出席

した際など、園長先生とお会いするたび、必ず保育者の採用についてのお話になるほどです。

　それでは保育者の卵である学生たちは、今日の数多くの幼稚園や保育園などの求人の中から、いったいどのように就職先を選び、採用試験を受けているのでしょうか。「保育者の卵」である学生たちがどのような観点から就職先を選択したのかを知ることは、採用した若い保育者を育てていくために重要であると考えます。

　こうした観点から、まず保育者養成校の学生たちが、どのように養成されているのか、何を学んでいるのかについて述べたいと思います。保育者養成校における学びの経験は、就職先の選択に大きく関わっていると考えられます。

　次に、学生たちが就職活動の中で、どのような観点から具体的な就職先を選択しているのか述べます。特に、求人件数がたくさんある状況において、今の勤務先への就職をなぜ選んだのかということを理解することは、採用後に早期離職を防ぐ重要なカギとなるはずです。

(1)　保育者養成校における学生たちの学び

ア　保育者養成の実態を知る

　保育者養成校で、学生たちがどのようなことを、どのように学んでいるのか述べていきたいと思います。

　保育者養成校での学びは、就職先の選択に大きな影響を与えています。保育現場の園長先生にとって、保育者養成がどのようにおこなわれ、学生たちが何を学んでいるのか、これを知っておくことは若手保育者を育てていく上で重要です。

　実際に、保育施設の先生方が、保育者養成のあり方に大きな関心を持ち、例えば全国保育士養成協議会が毎年おこなう保育士養成セミナー（保育者養成校団体の研修）に参加され、保育者養成の現状や課題について情報を得ているような例も少なくありません。

イ 保育者養成校のカリキュラム

　ここまで保育者養成校という語を用いてきました。保育者養成校とは、指定保育士養成施設（卒業すれば無試験で保育士登録の資格の付与が認められた施設）として認可されている、また、幼稚園教職課程（幼稚園教諭免許状取得が認められたコース）を置いている大学、短期大学および専門学校（専修学校）を指しています。

　保育士資格のみ、あるいは幼稚園教諭免許状のみを付与する養成校もありますが、ほとんどの養成校では保育士資格と幼稚園教諭免許状の両方の取得が可能となっています。保育士資格については、国家試験による取得方法もありますが、ほとんどの者が保育者養成校において資格を取得しています。

　高等学校を卒業した学生が、大学においては4年、短期大学と専門学校においては2年もしくは3年間にわたる教育を受け、20歳から22歳で幼稚園教諭免許状、保育士資格を取得し、現場に出ていきます。

　各保育者養成校には、建学の精神や宗教的基盤に基づく、それぞれ独自の理念があって、それに応じた科目もありますが、中心となる科目などカリキュラムについては、法令で決まっているので、どこの保育者養成校においてもほぼ共通となっています。具体的には、保育者養成校での授業科目と、校外での実習科目（保育実習、教育実習）に分けられます。

ウ 保育者養成校の授業での学び

　保育者養成校の授業科目には、保育士資格の取得のための科目と、幼稚園教諭免許状の取得のための科目とがあります。それぞれに独自の科目もありますが、保育内容・方法に関する学びを中心として共通したものも多くあります。

　次に示すのは、法令に定める基準で定められている保育士養成のための科目です。保育者養成校によっては名称が異なりますが、どこの保育者養成校の学生たちも共通した内容をそれぞれ学んでいます。

- ・保育原理
- ・子ども家庭福祉
- ・子ども家庭支援論
- ・保育者論
- ・子ども家庭支援の心理学
- ・子どもの保健
- ・保育の計画と評価
- ・保育内容（環境）
- ・保育内容（健康）
- ・保育内容（言語）
- ・保育内容の理解と方法（造形）（音楽）（言語）（体育）
- ・乳児保育Ⅰ
- ・子どもの健康と安全
- ・社会的養護Ⅱ

- ・教育原理
- ・社会福祉
- ・社会的養護Ⅰ
- ・保育の心理学
- ・子どもの理解と援助
- ・子どもの食と栄養
- ・保育内容総論
- ・保育内容（表現）
- ・保育内容（人間関係）

- ・乳児保育Ⅱ
- ・障害児保育
- ・子育て支援

　この他に、幼稚園教諭免許状を取得するためには、教育制度論、教育心理学、教育方法論、教育相談論の授業科目、小学校の教科に関わる科目に該当する「領域に関する専門的事項」の科目などがあります。さらにピアノなどの技能の科目、外国語や情報機器などの教養科目も学んでいます。

　ここでおさえておきたいのは、資格・免許を取得するための科目は、数年ごとに変わるということです。わが国の保育内容などのあり方を定めている「幼稚園教育要領」や「保育所保育指針」などが改定されたり、また社会情勢の変化にともなって、保育士養成課程や教職課程の基準が改正され、保育者養成校の科目やその内容も変わることになります。

　学生たちは、保育政策の動向などをふまえた新しい保育のあり方、新しい保育内容の考え方はもとより、近年の発達研究をふまえた乳幼児理解の方法など、最新の知識や技術に基づく教科目を学んでいることになります。

そのため、就職した保育施設の保育のあり方が、学生が学んだ内容とは大きく異なった保育をおこなっていたりしていると、場合によっては大変困惑し、離職につながってしまうこともあるのです。

エ　保育実習・教育実習

保育者養成校の教育の大きな特色として、学外、すなわち保育現場における実習があるということが挙げられます。実習では、連続した日々にわたって、保育園、幼稚園、こども園などで実際に子どもと関わり、保育者の業務を経験することになります。

保育者養成校の教員からみると、当たり前といえば当たり前ですが、学生にとって実習体験が学生たちの進路先の決定を大きく左右しているように思います。

保育者養成校の実習には、保育士資格を取得するための保育実習（保育所、保育所以外の児童福祉施設等）と、幼稚園教諭免許状を取得するための教育実習（幼稚園）とがあります。卒業までにおこなう実習の種類は次の通りとなっています。

- ・保育実習Ⅰ（保育所もしくは認定こども園）　　　2週間程度
- ・保育実習Ⅰ（保育所以外の児童福祉施設等）　　　2週間程度
- ・保育実習Ⅱ（保育所もしくは認定こども園）＊　　2週間程度
- ・保育実習Ⅲ（保育所以外の児童福祉施設等）＊　　2週間程度
- ・教育実習（幼稚園もしくは認定こども園）　　　　4週間程度
- ＊ⅡとⅢのどちらかを選択する。
- ＊大学等によっては小学校の実習などもある。

保育実習は修業年限の半分の時期頃から始まります。2年制の養成校であれば1年生の終わり頃から始まります。その後、卒業まで各実習のステップを踏んでいくことになります。教育実習（幼稚園）は、最終学年でおこなわれることが多くなっています。

単位あたりの時間数の換算方法は保育者養成校によって異なりますの

で、それぞれ実習時間数の違いがありますが、おおむね2週間から4週間の連続した日々、実習園で学生たちは、現場の保育者たちの指導を受けながら、子どもと関わり、保育の業務を経験をします。

　実習は、保育者養成校と関係の深いところなど、指定された園で実施することもあれば、学生たちが自己開拓した園や母園でおこなうこともあります。当たり前ですが、それぞれの実習園には、保育所保育指針や幼稚園教育要領に基づきながらも、独自の保育の考え方、実習指導があります。実習指導者の年齢、性別、経験、性格なども様々です。それが学生のその後の学び、進路に大きな影響を与えます。

　学生たちは、実習を通じて、改めて保育の魅力を感じ、自分で決めた道に進むことに確信が持て、保育者としての資質・能力を高めていくことができます。毎年、学生を実習に送り出していますが、現場には、学生たちに、保育は楽しい、保育はやりがいがあると思わせてくれる保育者がたくさんいます。感謝の気持ちでいっぱいです。

　一方で、現場でおこなっている保育が、実習前に保育者養成校で学んできた保育の内容・方法とあまりにもかけ離れていることに戸惑い、保育の道に進むことに迷いはじめたりする学生もいます。

　また、現在の学生にとって難しいことを要求されたり、厳しすぎる指摘を受け、保育者になる自信ややる気を失ってしまったりする学生もいます。実習での体験が、学生にとって、このようなマイナスに働いてしまうこともあります。

　もちろん、学生たちの保育についての理解が浅いなどの準備不足が原因であったり、実習に臨む姿勢に問題があったり、ということもあります。しかし、せっかく保育の道を志して保育者養成校に入学してきた学生にとって、実習がマイナスな体験となってしまい、進路を変更してしまうとしたら、その学生にとっても、また保育者不足が叫ばれている時代にあって、保育界や社会にとっても、大変もったいないことです。

　そのため、どの保育者養成校でも、実習の事前指導を徹底するとともに、事後のケアを丁寧におこなうことを心がけています。特に、最初の

実習では、保育に対して負のイメージが刷り込まれてしまうことが多いため、そうならないように気を遣っています。また、実習園との連携を強め、実習をめぐって、現場と保育者養成校の意見交換、実習生の情報の共有などをおこなうことにより、より良い実習ができるよう心がけています。

　近年では、実習を引き受ける保育現場においても、学生にとってより良い実習指導をおこなうために、園内で検討をしているところも珍しくありません。保育関係団体の中には、実習生への指導に関する研修をおこなっているところもあります。今日では、現場が実習生をどのように受け入れ、指導をしていくべきなのか、丁寧に記述された保育現場向けの書籍も発刊されています（増田まゆみほか編著『保育園・認定こども園のための保育実習指導ガイドブック』中央法規など）。

　後にも述べるように、学生にとってより良い実習がおこなわれることによって、園の評判が高まり、就職を希望する者が出るなど、園にとってもメリットがあります。受け入れた実習生を丁寧に指導していくことが望まれます。

⑵　どのように就職先を選んでいるのか

　保育者養成校の学生のほとんどは、保育職を目指して入学してきます。幼い頃に自分がお世話になった幼稚園や保育園の先生の姿が憧れとなって進学してきた学生はとても多いです。また、中学や高校のキャリア教育の一環としておこなわれた職場体験を通じて、保育という仕事に魅力を感じたことがきっかけとなった学生もいます。入学時点において、他分野の学生に比べて、保育者養成校の学生たちは、特定の職業に就くという強い思いを持っている印象を受けます。

　卒業後は、特に２年制の保育者養成校では、９割の学生たちが幼稚園教諭免許状や保育士資格を活かして、幼稚園、保育所、認定こども園などを選び就職していきます。

　保育者養成校の学生たちは、数多くの求人票の山の中から、どのよう

に個別の就職先を選んでいるのでしょうか。これを知ることは、「売り手市場」の今日、学生を採用する際に活かされることになります。また、若い保育者が何を重視して採用試験に臨んできたのか、それを知ることは、採用後のミスマッチを原因とする早期離職を防ぐヒントになるのではないでしょうか。

　それでは保育者養成校の学生たちが、どのように就職先を選択しているのか、保育者養成校の教員として学生たちと関わった経験から、また各種調査などからみえることを述べていきましょう。

ア　就職先を決めるのに何が重視されるか

　全国保育士養成協議会の調査研究（2019年）によると、保育者養成校の学生たちが就職先を決めるにあたって重視していることは、以下の通りとなっています。4年制と2年制の保育者養成校とでは若干差があるようですが、学生全体として重視していることについてみることとしたいと思います。

・園の保育理念・方針や保育内容が自分に合っている　55.6％

・職場の人間関係が良い　48.2％

・保育環境が充実している　47.1％

・給与が適切である　47.0％

・福利厚生が充実している　33.0％

・家から近い　31.7％

・労働時間が適切である　30.3％

・園の規模が自分に合っている　27.6％

・研修が充実している　12.7％

・キャリアアップできる環境がある　12.4％

・無回答　5.7％

・就職の内定時期が早い　4.9％

・その他　4.0％

　就職先を決めるにあたって「園の保育理念・方針や保育内容が自分に合っている」ということが最も重視され、次に「職場の人間関係が良い」ということになっています。この二つについてみていきたいと思います。

　保育理念・方針や保育内容がもっとも重視されているということは、保育の仕事そのものにやりがいを感じ、自分の望む保育を追究していきたいと考える学生が多いことの表われと思われます。これは保育者養成校の教員にとって大変喜ばしいことです。

　それでは、学生たちはどのように自分たちに合っているかと判断するのでしょうか。学生たちは、保育者養成校の教育を通じて、最新の幼稚園教育要領や保育所保育指針などに基づく保育のあり方について学んでいます。それは、子どもの主体性を尊重し、遊びを通した教育をおこなうなどの基本をふまえた保育のあり方です。

　こうしたことを丁寧に実践している保育施設に魅力を感じる学生が多いと思われます。実習や見学などを通して、様々な実際の保育のあり方を知り、自分に合うか、合わないか判断していきます。学生たちが、それまで学んできた保育から、あまりにもかけ離れた保育については、受け入れることはできないことでしょう。

　保育現場の先生には、最新の「幼稚園教育要領」や「保育所保育指針」などの内容を確認することはもちろんですが、現在の保育者養成校の教育内容がどうなっているのか、保育者を採用し、若手を育成していく観点からも、養成教育の実態を把握していく必要があります。

　次に「職場の人間関係が良い」ということについてです。現場の保育者の離職に関する調査研究によると、保育者が離職の理由として、職場の人間関係を挙げることが多いようです。当たり前ですが、人間関係の良さはどの業界、職場でも重要とされています。特に、保育者養成校の学生たちと話をしていると、人間関係については敏感なようです。

　教員が就職についての相談を受ける際には、人間関係の話になることがしばしばです。例えば、アルバイト先の園や、実習をおこなった園の先生たちの人間関係の話になります。学生からみて、チームワークが良

く、風通しが良いと感じる職場が魅力的のようです。また、何か指導を
受ける際の口調であるなど、若手を育てる雰囲気のある場合には、その
ような園に就職したい、と強く言います。

　逆に、学生からみて、先生同士の中に過度な上下関係が認められたり、
休憩時間などにその場にいない先生の悪口を言っている場面に出くわし
てしまったりする場合、またアルバイトや実習生に対して乱暴な言動が
ある場合など、その保育施設には絶対に就職したくないと言います。時
には、保育の道に進みたくないという学生も出るほどです。

　今日の学生の情報伝達はすごいもので、プラスの情報であろうとマイ
ナスの情報であろうと、一人の実習生やアルバイト学生が体験したこと
があっという間に同級生、下級生の間に広がります。もちろん、独りよ
がりな捉え方をしている場合もありますが、こうした情報が影響力を持
ちます。どの職場においても風通しの良い、人間関係の良好な職場づく
りが試みられていますが、実習生など外部から見てもそのような保育施
設であることが、保育者の採用、若手保育者の育成のために必要である
と思われます。

イ　就職先を選ぶ際に実習はどう影響しているか

　保育者養成校の教育では、保育実習や教育実習などの実習科目がある
ことが大きな特徴であり、学生にとって大きな学びになるということは
すでに述べた通りです。ある調査研究によると、個別の就職先決定に際
して、保育実習や教育実習の体験が影響を与えた、と回答した学生が7
割を超えています。

　実際に、現場での実習を通じて、保育の仕事の魅力ややりがいを感じ、
改めて保育職に就こうとする思いを強くする学生は多いと感じます。実
習期間に、子どもと継続的に関わることを通じて、成長発達する子ども
の姿を目の当たりにし、成長発達を支援する仕事に魅力を感じるという
だけにとどまりません。実習をおこなった保育施設の保育理念や保育方
針、さらにはそれに基づく保育の内容・方法に惚れ込んで、そういう保

育をしてみたいと思うようです。ですから、就職活動に入る頃になると、実習した保育施設やそれに近い保育をおこなっている保育施設への就職を希望する傾向があります。

　また、実習を通して、実習指導者である保育者との関係も大きく影響しているようです。特に実習中、学生たちの良さを褒めてくれたり、保育者に向いていると指摘してもらうなど、保育者の指導や助言が大きな励ましとなって、やる気を出したり、実習先の保育施設で働きたいと思うようになる学生も少なくありません。「卒業後にうちで働かないか」と声をかけられ、その気になる学生たちもいます。同じようなことを保育者養成校でも伝えているのですが、現場の保育者による働きかけは学生の心に響くようです。現場の保育者の指導・助言は大きな影響を持っているのだと思います。

　実習の影響として、プラスの面について述べてきましたが、マイナスの面もあります。実習を通じて、保育職に魅力を感じられず、また自分には保育者として適性がないと判断してしまう学生もいます。実習後に、別の進路を考えはじめる学生たちもいます。実習後に話を聞くと、実習先の保育施設の保育のあり方が学生に受け入れられなかったりする場合もあれば、実習先の指導・助言を通じて自信を失くしてしまう場合もあるようです。

　このように学生の進路選択には、実習の影響が大きいと言えます。実習以外にも、学生が保育補助などのアルバイトを通じて保育現場にいる場合も同様のことが言えると思います。将来の保育者を育てていくという観点から、保育施設が学生を受け入れる場合には丁寧な対応が求められていると言えます。

ウ　就職先選択にあたって試験内容はどう影響しているか

　新人を採用する際には、いろいろな面をみて総合的に判断して採用したいものです。そのため採用選考にあたって、書類審査、面接試験、筆記試験（教養、専門）、そして実技試験（音楽、造形、体育）が行われ

ます。すべてを課すところもあれば、面接のみというところもあります。こうした、求人票に記載されている試験内容も就職先を選ぶにあたって影響しているようです。

　特に、ピアノ実技試験があるかないかについては、ピアノ技能に自信がない学生にとって、採用試験を受験するかどうかを決定する大きな要因となっているようです。ピアノの初見弾き試験の項目が求人票にあるとその保育施設を敬遠したり、ピアノ実技試験がない保育施設の中から受験先を決めたりする学生もいるようです。

　保育現場にとって、ピアノ技能は必須と言えますが、現在の保育者養成のカリキュラムの中で、例えば保育士養成課程の基準の中には「音楽」という独立した科目が設定されていないように、特に重視されるものではなくなっています。もちろんピアノの技能はあるに越したことはありませんが、ピアノの技能を求めることにより、保育者に向いている学生が受験しなくなることも頭に入れておく必要があります。

　また、筆記試験についても、「筆記試験とあると、私には無理ではないかと思う」と考えてしまう学生もいます。作文ではなく小論文が求められていると一段ハードルが高いと考え、躊躇する場合もあります。そうして、面接試験のみのところや、保育現場での保育実技をおこなう保育施設を選んで受験する傾向があります。

　学生の声に「厳しすぎる試験だと行く気を失う。受かる気がしなくなる」というものがありました。求人票に記載されている選考方法、試験内容で受験先を決めている学生も一定程度、存在しています。それぞれの保育施設が、どのような人材を求めているか、について吟味し、場合によっては試験内容を精選し、選考方法を工夫していく必要があると言えます。

エ　保育者養成校の教職員の指導・助言

　就職などの進路選択について、保育者養成校では学生による自己決定を重視しています。しかし、保育者養成校の教員による指導・助言の内

容が就職先の決定に影響しているようです。具体的には、学生がある保育施設の受験を迷っている際に「あなたなら頑張れる」、「その園はあなたに合っている」というような言葉などの励まし、後押しが挙げられます。

　また学生からの相談を受けた際に、保育者養成校の教員が知りうる範囲で情報提供をおこなうこともあります。もちろん、自己決定を重視する観点から、特定の保育施設への受験を促すことはありませんが、教職員が知っている場合には、保育施設の保育理念や方針、保育施設の雰囲気、卒業生の就職動向などについての情報を学生たちに伝えています。その際、保育者養成校の教員の持っている情報がすべて正しいというわけではありませんが、教員と学生との信頼関係が構築できている場合には、教員を通したその保育施設の評価が、結果として受験先の決定に影響してしまうのです。

　保育者養成校の教員は、実習のために保育現場と連携をしていくという観点のみならず、学生の就職指導における情報提供をおこなうという点からも、保育関係団体の会合などで各保育施設の情報を収集するよう努めています。会合などではぜひ保育者養成校の教員と交流を持っていただき、各保育施設の現場の様子などをお話しいただきたいと思います。

オ　周囲（先輩、友人など）からの情報はどう影響するか

　就職活動では、保育者養成校や公的機関が公開する情報だけで動くのではなく、様々な周囲の情報をもとに判断、行動しています。特に、先輩や友人からの情報が大きな影響力を持ちます。保育施設に就職している保育者養成校の先輩から、保育施設の雰囲気や仕事内容について情報を聞いたりしています。また、実習に行った同級生から保育施設の様々な情報を聞いています。そして、その情報を頼りに、採用試験の受験先を決めたりする学生も少なくありません。

　日常、学生たちはLINEなどのSNSを活用しています。そのため、驚くほど様々な情報が飛び交い、早く伝播していきます。例えば「子ども

の主体性を尊重したよい保育をしている園だ」、「雰囲気がよい園である」といった、園の保育に関するプラスの情報が流れていることもあります。また、「子どもを統制している」、「保育者が休憩もなく働いている」、「人間関係が悪い」といったマイナスの情報もどうやら広く伝わっているようです。

　もちろん、真偽が定かではない評判、うわさの類もあるかもしれません。うわさや評判に惑わされないよう、保育者養成校において学生を指導していかねばならないと思いますが、採用する保育現場はそうしたことも就職先の選択の材料になっていることを考慮すべきであると思います。

　特に新人教育、実習指導にあたって考慮していくべきであると思います。なぜなら、一人の新人保育者、一人の実習生の、各保育施設についての受け止め方が、SNSを通して、その背後にいる学生と関係する多くの人々にも伝播していく可能性があるからです。

カ　インターネット上の情報

　学生が就職先を選択するにあたって、インターネット上の情報も大きな影響力を持っています。今の学生たちは、就職活動に際して大手就職支援サイトなどを活用しています。保育職の場合は、それらを活用することももちろんありますが、まずはスマートフォンやパソコンを使い、検索サイトでキーワードを入れて、各保育施設の情報を調べています。最初から見学や説明会に参加するのではなく、インターネット上の情報を調べ、ふるいにかけてから動いていきます。

　保育施設に公式ウェブサイトがあれば、それについて丹念に見ています。保育の様子の写真などが掲載されたブログなどがあると、学生たちの保育のイメージが湧いて、興味を持ち、見学してみたいと思ったりするようです。ウェブサイトに求人票が掲載されている保育施設も多いです。選考方法、待遇、福利厚生などをそこで知り、保育者養成校の教員にいろいろ聞いてくることもしばしばです。このように保育施設を利用

する保護者向けのウェブサイトであっても、学生にとって採用選考の受験先を選ぶ判断の材料となっています。そうした観点からもウェブサイトを充実させることが考えられるのではないでしょうか。

　また、インターネット上の情報として、検索サイトのキーワード検索をする中で、学生たちは、保護者や関係者による口コミサイトの書き込みの情報も見ているようです。これは保護者の保育施設選びのための情報ですが、学生たちも、保護者の保育の受け止め方などを参考にしているようです。インターネット上には、匿名の無責任な口コミが氾濫しているので無視をしたいところですが、保育者養成校の学生の保育施設選びの一つの材料にもなっていることは知っておいたほうがよいでしょう。良い口コミのためというのではなく、日々子どもの最善の利益を考慮し、子どもや保護者のニーズに応えていくことが、結果として良い評判を生み、養成校の学生の採用につながっていくことでしょう。

（参考文献）
1 ）江津和也・亀田良克・幸喜健・吉濱優子「保育者養成校学生の就職先選択の要因に関する研究(1)」『清和大学短期大学部紀要』第42号、2014年
2 ）全国保育士養成協議会『令和元年度厚生労働省子ども・子育て支援推進調査研究事業　指定保育士養成施設卒業者の内定先等に関する調査研究報告書』2020年
3 ）竹内真吾・亀田良克・幸喜健・江津和也「保育者養成校における就職指導に関する研究」『聖ヶ丘教育福祉専門学校紀要』第28号、2015年

〈コラム1　共に支え合う職場の集団づくり〉

　子どもに関わることが本当に好きだったということもありますが、園長として様々なクラスの保育に実際に入るということを日頃から心がけてきました。自分自身が見ていないと、保育者に伝えられませんし、見ていないのに管理職から言われたら職員も不満に感じるでしょう。そのような理由もありますが、子どもの成長をクラス担任と共に楽しむこと、保育の面白さを共有するということを基本に大切にしてきました。

　保育者も10人いれば、性格も持ち味も様々です。同じクラスを担当し、保育者同士が分かり合える場合もあれば、難しい場合もあります。パッと出勤してパッと退勤してしまう、不協和音が流れているようだ、保護者の対応で大変そうだ、体調が優れないのではないかなど、子ども達と関わりながら、さりげなく目配り気配りをして変化に気付けるよう観察します。園にはクラスのリーダーや、主任、副園長など、様々なリーダーがいます。丁寧にサポートできる体制を作ることも大切でしょう。

　新任保育者が入職した際には、新任保育者が力をつけていく組織的な仕組みを作ることが大切です。まずは保育に慣れることを一番にサポートしてきました。新任保育者に役割を作るのも1つです。リーダーが主になりながら新任保育者も共に同じ役割を担当します。そのようにすることでその場で分からないことがあったらその場で聞くことができます。安心した中で、だんだん1人で動けるようになるように、リーダーは新任保育者を見ながら、少しずつ役割を譲っていくようにします。

　保育者は「人」という文字のように、一人ひとりが支え合うことが大切です。園長という職業は孤独であり「一人職」とも言われますが、一人で決定する訳ではないということです。職員の力に助けられていることはたくさんあります。職員一人一人がやりがいを感じ、チームとして園を作っていく。そのような職員集団づくりが大切となるでしょう。

2 保育施設では採用するためにどのような工夫をしているか

　保育施設の建物が建っても、そこで働いてくれる保育者がいなくては保育はできません。乳児、幼児の教育の場でありますから、良い保育者に働いてもらいたいと誰しもが願っています。また学生にとっても、努力の末、長年の夢が叶って保育現場に就職するということは、人生の一大事と言えるでしょう。保育者の採用についての現状を把握し、採用に当たっては様々な取組みを知っていただきます。

(1) 都道府県の現状、近年の推移

ア 有効求人倍率について

　実際の求人情報は、保育者として就職する人にとっては、重大な関心事でしょう。保育者の求人状態を客観的にとらえるための指標として欠かせないのが、「有効求人倍率」です。

　有効求人倍率とは、「仕事を求めている求職者」に対する「雇いたい求人数」の割合を指し、言い換えれば卒業し保育の仕事に就きたい人に対して、どの程度の働き先があるか、を示す指標と言えます。景気の影響を大きく受けるため、雇用情勢を調べるために必ず参照される指標として大変に重要なものです。

　有効求人倍率は、以下のように求められます

（　求人数　）÷（　求職者数　）＝　有効求人倍率

　この式に当てはめて考えると、有効求人倍率が1.0より高い場合は、応募者よりも求人数が上回っている「売り手市場」（就職したい人に有利）となります。

　保育士に限ってみると、保育士の有効求人倍率は、厚生労働省の資料によりますと、令和2年4月時点で2.45倍であり、一人の保育士に対して2件以上の求人があることになります。また、同時期における全職種平均の有効求人倍率は、1.32倍となっており他の職種と比較しても保育

士の有効求人倍率は、非常に高い数値となっています。

イ　都道府県の有効求人倍率について

　全国平均で見た保育士の有効求人倍率は2.45倍ですが、実際には都道府県ごとに大きな差があります。同じ令和2年4月時点での全国の上位5都府県と下位5県は以下の通りです。

上位5都府県		下位5県	
1．広島	4.37	1．山口	0.99
2．大阪	3.66	2．高知	1.07
3．宮城	3.55	3．島根	1.24
4．東京	3.41	4．青森	1.25
5．滋賀	3.37	5．長崎	1.27

　基本的に大都市とその近郊が高い数値を示す傾向がありますが、福岡（1.83倍）は平均値を大きく下回っています。また、鳥取（2.74倍）や静岡（2.78倍）といった地方都市でも平均値を大きく上回っている所があります。

　地域ごとの特性（行政による支援政策の違いなど）によって、各エリアの有効求人倍率の差が生まれていると推察できます。

ウ　近年の有効求人倍数の推移

　以下は、近年における保育士の有効求人倍率の推移です。平成26年から平成30年までの11月時点（保育系の就職が決定したころ）での有効求人倍率を抜粋しました。

平成26年	1.67
27年	2.09
28年	2.34
29年	2.37
30年	3.20

　平成26年以降、年を追って保育士の有効求人倍率は高まっていること

がわかり、特に平成29年から30年にかけては、83％も増加しています。これらからも、保育園が求める人数に対して、保育士が不足している傾向は年々高まっていることがわかります。完全な売り手市場なのです。

エ　保育需要の高まりについて

　有効求人倍率は、近年２倍を超え、全職種の中でも最も高い値になっています。これは、保育所に子どもを預けたいという人が増えていることを意味しています。

　かつて、小さな子どもを抱える家庭の母親は、専業主婦が一般的でしたが、近年は共働きの家庭が増えています。しかも、以前は若い夫婦は親世代との同居が多かったのですが、核家族化により、子どもの面倒を見る人がいなくなりました。

　このような社会環境の変化により、保育所の需要が高まり、保育所に通いたくても通えない待機児童の問題が発生しています。保育需要の高まりに伴い、仕事が集中する都市部ほど待機児童問題は深刻になっています。

オ　保育士のなり手不足

　また、保育士のなり手が不足していることも挙げられ、原因としては以下のことが考えられます。

①　保育者になる人（保育者養成校に入学する18歳人口）自体の数が減っていること
②　幼い子どもの命を預かるという責任の重さ
③　業務量の多さに見合わない給与水準の低さ
④　現場での保育士不足によって生じる、長時間労働や休暇の取りにくさ

　以上の理由から「保育士を養成する学校を卒業したにもかかわらず、保育士として働かない人が多くいる」、「保育士として働く人が、５年未満の早期に退職してしまう」など、保育士のなり手不足に結び付いてい

くのです。

　つまり、労働条件や職場環境の問題により、仕事として保育士を選択する人が少ないために、有効求人倍率は益々高くなっています。しかし、保育士不足を少しでも解消するために労働条件の改善に力を入れる自治体が増加しており、給与水準や労働条件は改善傾向にあります。

⑵　保育士不足の解消、採用に向けての行政の対策

　多くの自治体では、人材不足を解消するために、様々な対策を取っています。

ア　上乗せ手当の支給

　多くの自治体が実施していますが、その自治体で働く保育士に対して勤続年数などに応じた手当を職場からの給料とは別に支給する制度です。勤続年数が増えるほど金額が増えていく場合が多く、保育の仕事への定着を促進します。

　また、横浜市のように、ある一定期間勤続した人に、研修を受けさせて手当を支給し、賃金の上乗せと同時に、保育の質の向上を図っているところもあります。

イ　家賃補助制度の導入

　せっかく保育者養成校で資格を取っても、故郷に帰るという人もいます。実家に戻って、故郷で力を発揮したい人もいますが、都市部は物価が高く、何より賃貸住宅の家賃が高くて生活が成り立たないから、という理由で帰郷せざるを得なくなるという人もたくさんいます。

　家賃補助制度は、保育士が不足している地域の自治体が、新卒者や、他の地域から転居して勤務する保育士を呼び込むために実施している制度です。

　都市部では月額８万円程度を上限に設定していることが多いようですが、地域によって金額は異なります。保育者養成校を卒業し、また他地

域から転居して数年間は、家賃についてほぼ自己負担なしで生活できる仕組みを作っている自治体が多数あります。

ウ　就職一時金・定着支援金の支給

　毎月支払われる給与のような手当ではなく、まとまった金額の一時金を支給する自治体も存在します。保育士として就職が決定した人に支払われる就職一時金や、勤続年数に応じた定着支援金の形で支払われることが多い傾向が見られます。

　就職一時金は、就職・転職に伴う出費を支援し、就職・転職の準備を含め、安心して仕事が始められるよう、サポートする制度です。

　定着支援金は、保育士として働く人を勤務年数に応じて経済的に支援する制度で、保育士として継続して勤務する人にとって励みにもなり、定着率の向上も望めます。

(3)　直接的な保育士確保のための行政の施策

ア　保育士の数を増やすために

　保育者養成校だけでなく、保育士の国家試験による合格者を増やそうと、保育士資格取得支援事業として、自治体内の保育所で就労している保育士資格を有していない保育従事者が、保育士資格を取得するために要した受講料の補助を行っている自治体も多数あります。

イ　外部機関との連携による、人材確保
①　ウェブサイトの利用

　横浜市では保育施設で働きたい人のために「えんみっけ」というウェブサイトを用意しています。保育者を目指す人(特に日常、インターネットの利用をしている若者)が対象の、保育施設を「探せる」「比べる」「見学できる」園探し専門のサイトで、横浜市内にある保育施設の求人情報の掲載を、無料で行うことができます。市内に暮らす保育者に、市内で働いてもらおうという意図で、それぞれの園長会も協力しています。

②　人材派遣会社との連携

　また、人材派遣会社が運営する求人検索サイトに自治体の求人特集ページを作ったり、ハローワークと連携して自治体内の保育士資格を持ちながらも、現在保育士として働いていない潜在保育士等を対象に、自治体内の保育事業者とマッチングを図る「就職面接会」を開催したりしているところもあります。

③　各市町村同士の連携

　神奈川県、横浜市、川崎市、相模原市、横須賀市の5県市では、共同で神奈川県社会福祉協議会に参画し、保育にかかわる求職者の相談や就職先の紹介・マッチングを行う「支援センター」を運営し保育者の確保に努めています。

⑷　それぞれの保育施設での採用の方法と工夫

　行政では保育者が就職しやすいように様々な施策を行っていますが、それにもかかわらず、保育施設は慢性的な人手不足に苦しんでいます。

　有資格者なら誰でもよいか、というと、大切な子どもと関わる仕事なので、やはりどこの園も「良い先生に就職してもらいたい」というのが本当の気持ちです。

　それでは実際にどのようにして、保育施設は保育者を採用しているのでしょう。主に次のような方法で職員の募集をしています。

ア）保育者養成校に求人票を出す

イ）ハローワークに求人票を出す

ウ）実習生やボランティアに来た学生に声をかける

エ）職員の知り合いに声をかけてもらう

オ）行政の施策を頼る

カ）職員募集の記事をタウン誌に載せる

キ）職員募集の貼り紙をする

ク）人材派遣会社を頼る

　主に以上のことが挙げられます。一つずつそれらの項目について、ど

のような方法か、また保育施設側がどのように考え採用のための努力をしているか、検証していきたいと思います。

ア　保育者養成校に求人票を出す

　最もノーマルな方法と言えます。20年くらい前までは、保育士不足があまり問題になっていませんでした。保育者養成校の受験生数と求人数のバランスがとれ、「保育者になりたい！」という思いを強く持った優秀な学生が、保育者養成校に進学を目指し、保育者養成校も、競争を突破する学生を思うように選んで合格させられた時代でした。

　幼稚園・保育所が認定こども園に姿を変えても、保育者養成校と保育施設とのつながりは、それまでの実習・見学・ボランティアなどを通じて、一定の信頼関係と絆でした。言い換えれば、養成校の教員と保育施設の施設長（主任を含む）とが直接言葉を交わし、顔の見える関係だったと言えます。

　そのころも今も、求人票を学校に送れば掲示され、受験希望者が直接（または学校を通して）保育施設に問い合わせ、試験を受け、採用（不採用）が決まるという流れは大きく変わっていません。

　しかし、以前は、求人票を送ったのに学生の応募が無いと「誰か良い学生さんを送ってください」などと直接施設長が電話で保育者養成校の就職担当者にお願いしたりしましたが、今は難しい状況になっています。

〈園で行っている工夫〉

① 給料を少しでも高く設定する

　一昨年、保育者養成校の授業で「求人票のどこを一番最初に見ますか？」と尋ねたら、8割の学生が「給料」と答えました。どうせ働くのなら、安いより高い方が良いに決まっています。以前は「給料のことをたずねるのははしたない」と言って、保育者養成校でも就職試験の面接のとき、聞かない方が良い、と言われた先輩保育者もいるかもしれませんが、「働く人（労働者）」として、労働の対価を考えるのは当然なことです。

　そこで施設長は、少しでも高く給料が出せるように考えます。ただ、運営費は決まった額しか配給されませんから、少しでも余分な支出を探して削り、それで補充したり、また、何年か経ったら昇給率を抑えるようにして、最初に高い賃金を設定したりします。

　中には、ボーナス分も足して12等分し、平均すると1か月はこの額、と求人票に表記している園もあります。

　夜勤手当や休日出勤手当、土曜保育に出勤した場合の手当などを含めた金額を記入して「少しでも受験してくれる人がいるように」と心をくだいているのですが、あまりに高額の場合は、学生に不信感を持たれたりすることがあります。

　賃金に対する保育施設の姿勢は、採用後に築かれる信頼関係の基本にもなります。正直に、偽りのない金額を、求人票にきちんと示すことが大切です。

② 　福利厚生の充実

　健康保険、厚生年金、雇用保険など、各種保険に加入していることは、「働き続けるために」絶対必要なものです。どれもみな、雇い主と本人が折半で掛け金を掛けることが基本なので、働く人を大事にしている証といえましょう。

　その他に、退職年金や、独自の退職金制度があるかないかなどは大きなポイントになります。交通費も、全額支給か上限があるかなどによって印象が変わります。

　住宅手当があるか、家賃補助制度など行政の制度を利用しているかどうか、なども大きなセールスポイントになっています。

③ 　求人票に自園のPRを最大限加える

　本来は、「ここで勝負したい！」という自園の長所を求人票に掲載し、さりげなく、ないしは最大に受験者に訴えます。保育目標もわかりやすくかみ砕いたり、日頃から進めている「働き方改革」の内容などを前面に出して、園の魅力を伝え、働きやすさをPRします。

イ　ハローワークに求人票を出す

　求人票を出すことは保育者養成校と同じなのですが、ハローワークの良さは、「仕事を求めてそこに足を運ぶ人」が対象なので、良いと思える求人先にその場で連絡をとってくれるため、スピーディーに面接に進むことができます。ただ、多様な保育施設が求人票を出しています。そのためハローワークの職員は保育の専門家でないために各施設の特徴など詳しいことを説明してもらえないこともあります。

ウ　実習生やボランティアに来た学生に声をかける

①　実習から就職へ

　「実習生は、指導が大変」と言って、歓迎されない場合もありますが、このパターンは定着率も高く双方の満足度も高いようです。

　保育者養成校でも実習指導で「実習は就職と結びついているから、しっかりやって来てね」と言って送り出すことが多いと思います。「就職のために行くんじゃない。勉強のために実習はある」と思う現場の職員もいるかもしれません。実習に行く目的は確かに「学ぶため」ですが、実習に行って、「採用したい」と声をかけられた学生は実際にたくさんいるのです。

　現に、横浜市泉区の園長会でも、100％の園長が、「実習の受け入れは、就職を視野に入れている」とアンケート調査に答えています。

　学生にとっては
　1）実際に保育施設の保育を2週間程度体験し、自分に合うかどうか実際に判断することができる
　2）ある程度の期間過ごすことによって、職場の雰囲気や人間関係を知ること（感じること）ができる
　3）直接、保育施設の先生から日々の子どもや先生方、主任や園長の様子が聞ける
　園にとっては
　1）実際の学生の動きを見ることができ、自施設に向いているかどう

　　かを知ることができる

　2）その人の人柄や、ある程度の日常生活を知ることができる

　3）直接、保育施設のPRができる

　以上のように、双方にメリットがあるのです。

　目的は「勉強」ですから、学生は「自分に園の雰囲気が合わない」と思えば、他の保育施設への就職を考えればよいし、施設側も施設に合わないようなら「声をかけず」実習本来の目的だけが達成されます。

〈園の工夫〉

　何より、実習本来の目的である「学習の機会」であることを念頭に置き、誠実に実習指導を行うことが第一です。「保育士が足りないから！」と、保育施設側が必要以上に甘やかしとも取れるような待遇をするのは逆効果で実習生に失礼です。

　吉濱らの調査（2012）によると、「細かく指導を受けた」学生は、「現場は厳しい」と思いながらも「実習生として受け入れてもらった」と感じ、実習の効果が上がった、という結果があります。これは、実習生として大切に指導してもらったことで、しっかりと勤務者としてのあり方を学び、保育という営みに一層意欲を持つことができたということに結び付きます。保育の楽しさだけでなく、人として生活できるか、保育者として学べるか肌で感じることができるのです。

　どこの保育施設も、実習生を受け入れていますが、丁寧に指導することが絶対的に必要になります。就職に結び付くから親切丁寧に指導するのではなく（その時だけ親切にしたとしても採用した後すぐにバレてしまいますから…）、「良い保育者を育てたい」と真摯に実習指導を行っているかどうかがカギになります。

　実習生に接する姿勢は、そのまま職員一人ひとりを大切にしているかどうかという園の姿勢が投影されているからです。日頃から良い職員集団を作っていることが、ひいては新人の採用に結び付くことを多くの保育施設の長はしっかり理解して、実習指導に当たっています。そのような保育施設は、学生のほうから「就職したい」と思ってもらえるのです。

②　ボランティア・見学から採用へ

　実習ほど互いに知り合えるわけではありませんが、学生は園の雰囲気や職員同士のかかわり方を垣間見ることができ、保育施設側も学生の様子を観察できるという、双方にとってメリットがあります。

〈保育施設の工夫〉

　保育施設を訪ねてくる学生が、自施設の保育を理解してくれるのが目的ですが、万一求人票を出したら受験してくれることも視野に入れ、多くの施設で丁寧な対応をしています。

　保育施設側は学生の様子によって「子どもの様子」「先生の動き」など丁寧に説明したり、中には給食を提供したりして「良い印象を持ってもらえるよう」努めます。

　ただし「誰でもよい」というわけではありませんから、施設のほうもしっかり学生の様子を見ています。もし、自施設には向かないと思った時にも、邪険にしたり露骨に態度を変えたりせず、さりげなくその学生の良いと思うところを伝えたり、特性を気づかせたりする心配りをします。

　日頃から「人を大切にしているかどうか」がそんなところからも良くわかるからです。

エ　職員の知り合いに声をかけてもらう

　職員の知り合い、例えば若手職員の元同僚や同級生、後輩や知っている学生に声をかけてもらうという方法もあります。

　学生が、求人票を見る時に一番最初に見るのは「給料」ですが、一番気になるのは「人間関係」と言われています。職員は、実際にその保育施設で働いているので、人間関係を含め、保育施設の良さも少し問題だと思うことも知っています。

　学生や就職希望者にとっては

　　１）保育施設の「今」が直接分かる

　　２）知人がいるという安心感がある

　園にとっては
　１）保育施設の職務内容を職員の目線で紹介してもらえる
　２）信頼できる職員の紹介なので安心感がある
と、双方にメリットがあります。

　新卒の学生はもちろんですが、むしろ既卒で転職を考えている人にもおすすめの就職の方法と言えましょう。

　園が「良い職員を採用したい」と思うように、働く側も「良い園（人間関係・保育内容・給料）で働きたい」と思っているので、直接職員から話を聞いて、見学から採用試験という手順を踏むことができます。

　採用された後、「知り合いだから」と先輩保育者に甘えたり、逆に「○○さんの顔をつぶさないように」などとプレッシャーを感じすぎないことが大切です。良い職場環境を与えていただいたことに感謝し、精いっぱい力を発揮すれば良いということを伝えましょう。

オ　自治体の施策を頼る

　行政が中心となって行っているウェブサイトに登録したり、説明会に参加したりして「求人がある」ということをPRする方法です。行政が実施（または協賛）しているという安心感が、採用する方にも、される方にもあります。

① **自治体のウェブサイトに登録された求人票**

　たくさんの保育施設が登録していますから、多くから受験先を選べるというメリットが学生や若い就職希望者側にありますが、数が多すぎて、求人票に書かれている内容だけではなかなか選びきれないという声もあります。IT世代にはなじみやすい求人方法ですが、逆に「選ぶ決め手」があいまいだとなかなか「見学」までたどり着けないという声も聞きます。

　保育施設としても、たくさんの学生や若い就職希望者が見ているということを意識してはいますが、問い合わせを待つという消極的な手段なので「問い合わせがあれば儲けもの！」と思い、望みをつないでいるの

が現状です。

②　自治体が主催する合同説明会

　合同説明会と称して、申し込んだ園がブースを作って行うことが一般的です。

　学生や若い就職希望者は、直接施設の担当者から説明を聞くことができ、担当者の姿勢から施設の様子を垣間見ることができます。質問したいことが直接聞けることも大きなメリットと言えます。

　採用する側も、施設の魅力などを直接PRできる絶好の機会ですし、見学から試験に進むチャンスととらえて積極的に参加している施設が多いようです。

　しかし、学生は決まった日時に会場まで行かなくてはならず、実習や授業の関係で足が運べなかったり、コロナ禍では直接対面することが難しく、オンラインになってしまったという例もあります。

カ　職員募集の記事をタウン誌に載せる

　実際に多くの園がおこなっています。特に通勤距離が近い地域から職員を採用したい場合や、新設園で多数の求人を出す時などに実施することが多いようです。公式の求人票と違って、カラー刷りでイラストなども入り、就職希望者の目を引くことができます。

　掲載料も安価なため、利用しているという園の話を聞きましたが、あまり長い間何回も掲載すると「この園は、職員の定着率が悪いのではないかと思われてしまった」という例もありました。

キ　職員募集の貼り紙をする

　原始的な方法ですが、地元から職員を採用したいときに試してみたい方法です。実際に筆者の保育園での実例を紹介します。

　まれに、「貴園に求人がありますか？」と問い合わせがあります。そのような時、園で求人があることを周知する方法があったら、と思い、保育園の外壁に「求人あり」の貼り紙を貼り、実践してみました。

　すると、なんと、学生から問い合わせがありました。

　たまたま、近くに住んでいる親戚が「あそこの園で求人がある」と教えてくれたそうです。親戚はいつも園のわきの道を犬の散歩コースにしていて、貼り紙を見てわざわざ子どもの保護者を捕まえ、充分に情報をリサーチしたそうです。「評判良いわよ」という一言が、決め手になったということでした（日頃から、良い保育をすることが大切だとしみじみ思いました。）。

　残念ながら、この時すでに採用試験を行った後だったので（親戚のリサーチに時間がかかり過ぎてしまったため）、丁重にお断りしましたが、今、その方はお母さんとして当園で主催している子育て広場を利用し、お付き合いが続いています。

　蛇足ですが、パート保育士の募集については、近隣の方を採用したいので（何かあった時すぐに来てもらえる、通勤時間がかからないので、短時間でも働きやすい…などの理由）、この方法は最も有効と思われます。今筆者の保育園で、「貼り紙を見て」応募してくれた非常勤職員は、給食室を含め8人もいます。

　さらに蛇足ですが、近所のコンビニエンスストアに「パート保育士募集」のビラを貼らせてもらいたいと頼みに行ったところ、応対してくれたパート従業員が「店長が許可できないとのことです」とすまなそうに言った後、「私、働かせてもらえませんか？」とのことでした。幼稚園教諭としての経験があるその人は翌月から保育補助として勤務してくれ、現在は保育士資格取得のために勉強中です。

ク　人材派遣会社を頼る

　保育施設に毎日のようにいろいろな人材派遣会社から「派遣したい人がいる」と電話があります。それだけ保育界の職員採用に人材派遣会社が大きな影響力を持っていると言えましょう。

　学生側にとって

　1）専門のコンサルタントが無料でサポートしてくれる

２）求人数が多く希望に合った求人が見つけやすい

３）保育施設の雰囲気を教えてくれ、見学、試験日などをセッティングしてくれる

４）万一退職することになっても、コンサルタントが間に入って話を進めてくれる

５）登録すると、多額の支度金を出してくれる派遣会社もある

園側にとって

１）本当に人材が必要な時に、紹介してもらえる

２）紹介してもらった人と保育施設との相性が良ければ、正式に雇用することもできる

というメリットがあります。

　実際に、保育者養成校では学生が「採用までの面倒なプロセスがない」「自分で決められないので」「支度金が貰える」などの理由で、登録をする人が増えているといいます。

　保育施設にとっては、求人難の今、派遣会社からの紹介を余儀なくされるところ、また逆にこの制度を利用し積極的に職員を採用するところがありますが、「高い給料の設定」や「支度金」は、派遣を依頼する施設からの出費で賄われているため、施設の支出は多大となります。

　施設にとっては、採用のために多額（パート職員１人の年収くらい）の手数料がとられるため、財政は苦しくなります。

　就職はある意味「ご縁もの」ともいえるため、採用する側とされる側が互いに納得できればそれに越したことはありませんが、施設が多額の資金を投じて採用したものの、短期間で辞められてしまったという話も聞きます。

　就職するための様々な方法がありますが、「全て派遣会社にお任せ」「支度金が魅力」ということを前面に押し出し、「一定期間勤めたら、退職しても違約金が発生しない」といって短期間で転職を繰り返し、そのたびに支度金を貰うという人がいるとも聞いています。嘘であってほしいと思いますが、そのような人を大切な保育の現場に入れても良いので

しょうか。そのような人と一緒に働きたいと思う人がいるでしょうか。また、その人自身も経験や学びの積み重ねができず、浮き草のように職場を転々と変え、落ち着かない日々を送ることにならないでしょうか。

　「誰でもよいから採用したい」というような万年保育者不足にならないよう、日頃から、職員同士の意思の疎通を図り、働き方を見直して働きやすい環境を作り、職員の定着率を良くすることが絶対的に必要だと思います。

(5)　Ｓ保育園の実践例

　実際に採用試験を実施し、新人保育者全員が３年以上勤務しているＳ保育園の採用の工夫の事例を紹介します。

ア　Ｓ保育園の概要
・横浜市内の私鉄沿線、最寄り駅から徒歩６分という好立地に建てられた木造平屋建ての建物
・入所定員66名（現在は71名が在籍）
・平成25年４月開園　現在９年目を迎える
・開園時間は７：30 ～ 18：30（短時間利用は８：30 ～ 16：30）
・保育目標　「心も体も健康で、礼儀正しく頑張る子」
　日々の積み重ねを大切にし、丁寧に生活することを基本にしている普通の保育園です。

イ　新人職員の採用に当たって
　開園するにあたって、新卒者の採用はありませんでした（全員が既卒者）。退職者がいなかったため、規定数の保育士はいましたが、開園４年目で20代の職員がゼロになってしまったので、新卒者を採用することを決定しました。求人票を保育者養成校に出そうとした時に、実習生３名から「採用試験を受けたい」と連絡がありました（求人票を見ていないので、採用の条件を本人たちは知りませんでした。いざ見て、給与の

　　　　　2　保育施設では採用するためにどのような工夫をしているか

低さに驚いたらしいです）。

ウ　採用試験の内容・工夫
①　１日実習…　保育実習をしてくれた人ばかりでしたがもう１回、実
　　　　　　　　際に子どもとのかかわり方、保育者への接し方などを
　　　　　　　　確認したいと思い実施しました。
②　面接…　大体の人柄はわかっていましたが、質問に対してどのよう
　　　　　　　な対応をするのか、きちんと把握したいと思い、実施する
　　　　　　　ことにしました。
③　全員で採点…　最終的に園長が採用か否かの判断はしますが、その
　　　　　　　　　日出勤している職員全員に「採用シート」を配付し、
　　　　　　　　　①〜④の項目について記入し提出してもらいました。
　　１日の実習は「なるべくたくさんの職員と接してもらいたい」「充分
に力を発揮してもらいたい」と思い、午前と午後に違うクラスに入って
行い、乳児と幼児との接し方や職員への対応などたくさんの人の目で見
てもらえるように配慮しました。
　　全員参加型の採用試験は、職員一人ひとりが「自分の仲間になってほ
しいかどうか」を確認し、「自分も選んだ」「自分も育てる責任が有る」
と自覚してもらうためにも行いました。良いところと、注意が必要なと
ころを見つけてもらい、保育者としてよりむしろ項目④の仲間として一
緒に働きたいかどうかの評価を重視しました。

採用シート

記入者　：

対象者　：

①　特に良い・就職後、力を発揮できると思われる点

②　注意が必要・就職後、問題になると思われる点

---

③　保育者としての評価　　　5・4・3・2・1

④　一緒に働きたいですか　5・4・3・2・1
理由　：

　その結果、面接で「園の保育の良さを理解している」「この園が好き」「職員と一緒に働きたい」という意思がしっかり伝わってきた2人を採用しました。

　一人は男性で、設置法人の方針では「男性保育士は採用しない」ということでしたが、彼の熱い想いと「新しい風を吹かせてくれそう」という期待を持って採用しました。

　もう一人は、出過ぎないけどしっかり者の女性（一本筋の通った「昭和の女」と今は呼ばれています）で、ピアノも上手でした。先生方の項目④の評価はほぼ全員が5点でした。

　残念ながら、一緒に試験を受けてくれたもう一人の方もとても良い人でしたが、3人は採用できずに不採用を通知しました。彼女はすぐに近くの保育園に就職が決まりました。

　3年前に、結婚が決まって遠方に住むことになった退職者が出たので、その時に保育実習に来ていた実習生に声をかけ、同じ方法でもう1人の採用が決まりました。

　他の保育者との関係も良好で、3人とも元気に働いています。

　一緒に採用された2人は、この春めでたく結婚しました。職場での恋愛はいかがなものか、という古風な考えを持っていた2人は、LINEだけで2年間思いを伝え合い、この春、家族や職場の皆に祝福され「電撃結婚」をしました。就職は本当に、色々な意味で「ご縁もの」といえましょう。

　こうしてみると、採用のための色々な工夫は必要ですが、むしろ採用した後、その人が就職して良かったと思えるような職場づくりをして、定着率を上げる方がずっと効率が良く、保育施設も学生（その時はもう職員）も幸せなのではないかと思います。

　以下にＳ保育園での工夫の例を挙げます。

１）全員が定時に帰る

　勤務時間内に仕事が終わるよう、交代で記録を書いたり、手の空いた人が行事の準備をしたりして、効率良く仕事に取り組んでいます。園長が残っていても来客があっても、当事者以外は定時に帰ります。

２）必要ないことはしない

　手作りは確かに心がこもっていますが、「運動会のプログラムは飛び出す方式にしよう」「こいのぼりをつける棒は新聞紙を丁寧に丸めて作る」「プランターの立て札はトールペイントにしてきれいに」など、してあげたら子どもは嬉しいかもしれないけれど、作るのに夜遅くまで何時間もかかってしまい、保育者がへとへとになっては意味がないと思います。「何もかも省略」というわけではなく、本当に必要なことは何か、を職員全体で考えていけば、きちんと取捨選択ができると思います。

３）全員で協力して仕事をする

　当たり前のことですが、誰か一人だけたくさんの仕事をするより、役割分担を決め全員で仕事に向かう方が、ずっと気持ちも体も楽になります。そうすることによってチームワークが構築されていき、良いことばかりです。

４）頑張りすぎない、病気にならない

　「全員が自分の力を充分に発揮できること」が楽しく仕事をする大前提だと思います。でも、頑張ることは必要ですが、無理をして頑張りすぎると長続きせず、途中で嫌になったり身体を壊したりしてしまいます。

　「頑張りどき」をよく見極め、一人ひとりが自分のペース配分を考えて、倒れないように仕事をするということを、実施していきましょう。特に若い保育者は経験も少なく、仕事の見通しも立てにくいので、周りの先

輩保育者や管理職が率先して指導してあげることが大切です。

　以上のことを基本にして、保育を始め様々な業務に対応をしています。一見保育に関係ないように見えますが「保育という仕事」をする職業人としての意識は「保育」に必ず反映し、良い保育に結び付いていくと思います。

　日頃から、全員が「良い職場環境を作ろう！」という意識を持って業務にあたることが、採用のための一番の「工夫」ではないでしょうか。

（参考文献）

１）厚生労働省「保育士の有効求人倍率の推移（全国）」2020年、(https://www.mhlw.go.jp/content/R2.11..pdf) 最終アクセス2021年5月31日

２）厚生労働省「『保育士確保集中取り組みキャンペーン』を実施します」(https://www.mhlw.go.jp/content/11907000/000470882.pdf) 最終アクセス2021年5月31日

３）無藤隆・秋田喜代美・汐見稔幸「新しい時代を切り開く園のかたち——これからの10年をリードするために」『保育ナビ』2019年4月号

４）横浜市「保育士確保の施策」(https://www.city.yokohama.lg.jp/kurashi/kosodate-kyoiku/hoiku-yoji/taiki/hoikushikakuho.html) 最終アクセス2021年5月31日

５）横浜市こども青少年局保育対策課「保育士意識調査結果（概要版）」2018年 (https://www.city.yokohama.lg.jp/kurashi/kosodate-kyoiku/hoiku-yoji/taiki/hoikushikakuho.files/0009_20190520.pdf) 最終アクセス2021年5月31日

６）吉濱優子「保育者の専門性を支える基礎要因とその習得における実習効果に関する研究」東京福祉大学大学院修士論文　2012年

第2章
若い保育者の悩みを知ることから

　若手保育者の人材育成と離職防止のはざまで悩む園は少なくありません。解決の糸口を探る一つに実態を捉える方法があります。第2章では、若手保育者の実態に焦点を当てます。

　第1節では、離職に関する実態調査結果をもとに、離職の現状について捉え、若手保育者の離職に至る要因について考えていきます。

　第2節では、実際の若手保育者が抱く悩みについて、実際の若手保育者の事例をもとにその内実について考えていきます。また、若手保育者の実態を理解するには、学生の実態を理解することも必要です。

　第3節では、保育者を志す学生の学生生活の様子や人間関係について保育者養成校の立場から述べていきます。

1 若い保育者の離職の現状はどうなっているか

　保育者養成校に在籍している学生たちのほとんどは、当たり前のことですが、幼稚園や保育園の保育者になるため進学をしてきます。特に、自らが幼かった頃にお世話になった先生の姿に憧れ、保育者になりたいと思った学生がとても多いです。

　また、中学校や高等学校におけるキャリア教育の一環として、保育施設での職場体験を経験し、子どもたちの成長・発達を促す保育の仕事に魅力を感じて、進路を決めたという学生も多くいます。このように保育者に憧れたり、保育の仕事に魅力を感じたりして保育の道を志し、幼稚園や保育園に就職したにもかかわらず、たった数年で辞めてしまうとしたら、それは本人にとっても、保育者を必要としている社会にとっても大変もったいないことです。

　保育者養成校の教員として毎年卒業生を送り出していますが、実際に数年、短くて1年で退職してしまう教え子も少なくありません。場合によっては、学期途中というそれより短い期間で辞めてしまい、保育施設に謝罪にうかがったこともあります。

　保育現場では、保育者不足が深刻で採用できなかったこととともに、離職によって保育者を充足することができず、止むを得ず定員割れで運営しているという話を聞きます。いかに採用するか、とともに離職を防ぎ、ベテラン保育者に育てていくことは、これからは特に必要であると思います。こうした観点に立って、公的機関の調査資料から、早期に離職してしまう保育者の現状を理解していきたいと思います。現状を把握することは、若手を育て、離職を防いでいく上でのヒントを得ることになるのではないかと思います。

(1)　離職の状況はどうなっているか

　それでは保育者の離職の状況をみていきます。少し古くなりますが、厚生労働省の示した2017年の統計から、保育所保育士の離職率を確認しておきたいと思います。離職率は、その年に在職している保育者を分母として、1年に離職した保育者を分子とした割合のことを示します。2017年の離職率は9.3％となっています。これを民間保育所に限ると10.7％と若干高い数値を示しています。毎年、各保育所では10人に1人が入れ変わっていることになります。

　また表の太枠に示されているように、保育所で勤務する保育士の経験年数をみると、経験年数8年以下の保育士が約半分以上を占めていることがわかります。このことから、特に民間保育所においては、若い保育者によって支えられていることがわかります。その若い保育者が離職し、また若い保育者が入職して保育所が成り立っているのです。若手保育者は、日本の保育を支えているといえます。

表　保育所で勤務する保育士の経験年数（常勤のみ）

	2年未満	2〜4年未満	4〜6年未満	6〜8年未満	8〜10年未満	10〜12年未満	12〜14年未満	14年以上	総数
全体	40,390	34,813	28,998	24,699	20,725	17,583	15,243	78,721	328,696
（公）	9,726	9,235	8,493	7,165	6,135	5,516	5,368	38,417	113,267
（私）	30,665	25,578	20,505	17,534	14,589	12,067	9,875	40,304	215,430
全体	15.5%	13.3%	11.1%	9.5%	7.9%	6.7%	5.8%	30.1%	100.0%
（公）	10.8%	10.3%	9.4%	8.0%	6.8%	6.1%	6.0%	42.7%	100.0%
（私）	17.9%	14.9%	12.0%	10.2%	8.5%	7.1%	5.8%	23.6%	100.0%

（出典）保育の現場・職業の魅力向上検討会「保育士の現状と主な取組」（2020年）

(2)　過去に保育者を辞めた理由

　東京都内の保育士に限定されたものですが、2018年に東京都福祉保健局がおこなった調査から、保育者が保育職を辞めた理由（あるいは辞めたい理由）についてみていきたいと思います。

　この調査は、東京都における保育士登録者を対象におこなわれ、保育士として就業中の者、過去に保育士として就業経験がある者、そして保育士として就業経験のない者を含めた15,000人が調査対象となっています。若手保育者だけが対象となっているわけではありませんが、離職理由のおおよその傾向を掴むことができると思います。

　まずは、保育士として現在就業中の人たちが、過去に保育士として働いていた別の職場を辞めた理由として回答した結果は次のような順になっています。

・職場の人間関係　38.0%

・仕事量が多い　27.7%

・給料が安い　27.4%

・労働時間が長い　25.3%

・結婚　18.1%

・妊娠・出産　11.8%

・健康上の理由　10.7%

・雇用期間満了　10.5%

・転居　10.1%

・他業種への興味　7.9%

・職業適性に対する不安　6.0%

・子育て・家事　5.8%

・保護者対応の大変さ　5.0%

・家族の事情（介護等）　4.5%

・配偶者の意向　2.0%

・その他（理念の違い、閉園、同法人内の異動など）　21.2%

　この調査では年齢ごとに記載されていませんが、比較的若い人が含まれていると思われる「配偶者無・子供無」に限ると、「職場の人間関係」が51.9%、「仕事量が多い」が38.1%、「給料が安い」が35.5%、「労働時間が長い」が34.8%となっていて、「配偶者有」「子供有」の人たちよりも高い割合となっています。

　次に、過去に保育士として就業していて、現在は別の職種である、もしくは無職である人たちが、保育士を辞めた理由としてあげていることを見てみましょう。回答結果は次のような順になっています。

・職場の人間関係　33.5%

・給料が安い　29.2%

・仕事量が多い　27.7%

・労働時間が長い　24.9%

・妊娠・出産　22.3%

・健康上の理由　20.6%

・結婚　18.4%

・他業種への興味　15.2%

・子育て・家事　13.5%

・転居　11.3%

・職業適性に対する不安　9.9%

・保護者対応の大変さ　7.4%

・家族の事情（介護等）　6.2%

・雇用期間満了　5.4%

・配偶者の意向　3.5%

・その他（ハラスメントや病気等による退職）　18.5%

　こちらについても上位にある離職理由はほぼ同様です。比較的若い人が含まれていると思われる「配偶者無・子供無」に限ってみると、「職場の人間関係」が52.9%、「給料が安い」が41.9%、「仕事量が多い」が39.9%、「労働時間が長い」が35.2%となっていて、「配偶者有」「子供有」の人たちよりも高い数値となっています。

　この調査の結果から、特に若い人が数年で保育者を辞めてしまうのには、「職場の人間関係」「給料が安い」「仕事量が多い」「労働時間が長い」などが大きな要因であることがわかります。

(3)　現職の保育者が辞めたいと思う理由

　同じ東京都福祉健康局による調査では、就業中の保育士にも、「現在保育士としてお勤めされている保育所等を退職したいと考える理由として当てはまるものをお答えください」（複数回答）という質問をしています。現職にあるものが回答していることに注意する必要があります。回答結果は次のような順になっています。

・給料が安い　68.7%

・仕事量が多い　61.9%

・労働時間が長い　47.4%

・職場の人間関係　37.1%

・他業種への興味　27.3％

・職業適性に対する不安　25.6％

・保護者対応の大変さ　24.6％

・子育て・家事　24.1％

・健康上の理由（体力を含む）　23.7％

・妊娠・出産　17.8％

・結婚　15.9％

・家庭の事情（介護等）　4.1％

・転居　3.9％

・配偶者の意向　1.8％

・その他　11.5％

　こちらでは年代、性別ごとに統計が出されています。20代についてみると、「給料が安い」が女性74.5％・男性84.7％、「仕事量が多い」が女性70.3％・男性65.9％、「労働時間が長い」が女性57.2％・男性48.2％、「職場の人間関係」が女性40.9％・男性35.3％となっています。これは30代以上の人よりも高い割合です。

　現在の職場を辞めているわけではないので、実際に保育職を離職している人に比べ、「職場の人間関係」が少なくなっています。それでも上位には、退職した人とほぼ同じ理由が並んでいます。現場の保育者が、労働条件や給与などの待遇面での不満を持ちながらも保育職に就いていることがうかがえます。

⑷　職場の人間関係

　東京都の調査では、若いと思われる保育者の多くが、保育職の退職理由として「職場の人間関係」をあげています。東京都以外の他県の保育者の就職動向に関する様々な研究においても、退職の理由として職場の人間関係をあげる人が多いことが指摘されています。

　調査結果の別の項目では、自由記述の中で、離職した人たちが保育職

への再就職を考えるにあたって、保育現場における人間関係について心配している記述がいくつかみられました。第1章でも述べたように、保育者養成校の学生たちが就職先を選択する際にも、職場における人間関係を重視していました。保育者にとって、職場の人間関係の良さはとても重要な要素ということがわかります。

　保育現場における良好な人間関係は、実習生や若い保育者にとって魅力的なものと捉えられています。若手を含む、職場の職員全体にとって風通しがよく、若手を育てる雰囲気のある保育施設にしていくことが望まれます。そうすることで、就職を希望する学生も増えてきます。さらに、長期にわたってその保育施設に勤務するようになる可能性があります。

　保育現場における人間関係としては、管理職と保育者との関係、保育者同士の関係などがあります。それが望ましくない関係であると、若い保育者にとっては、大変なストレスとなってしまいます。最終的には、離職につながることも少なくありません。

　職場の人間関係の悪さとして捉えられるものの中には、年長者による、過度なプライベートへの介入、各種ハラスメントなどがあります。また、それに近い言動、若手に対する過度な奉仕の要求なども、若い保育者にとってはストレスになります。

　これらは、令和の時代にはあってはならないことです。保育現場の管理職は、職場の良好な人間関係づくりのために、自分が当たり前だと思っている、昔ながらの価値にとらわれた言動をしないようにしなければなりません。必要があれば、研修への参加を通じて、人権意識、コンプライアンスの感覚を高めることも必要でしょう。

　本書第3章以降の執筆者には、そのような風通しの良い組織づくりを実践している現場の保育者が複数含まれています。是非とも、そこからヒントを得て、望ましい保育施設の人間関係づくりをしていただきたいと思います。

(5)　給与、仕事量、労働時間

　次に、保育者が離職する理由としてあげられた給与、仕事量、労働時間について述べます。

　特に保育者の給与面については、仕事の責任を考えると薄給であることが様々な場で指摘されているところで、改善が早急に望まれます。各保育施設においても努力はされていると思いますが、限界があります。これは国や自治体、政治家が努力しなければならない部分です。しかし、各保育施設が独自に工夫できる余地もあると思います。

　特に若い保育者にとっては、採用試験の際に求人票に書かれてあった給与、手当に関する情報と実際とに離齬があると保育施設に対して不信感を持ち、働くモチベーションが保てなくなるようです。話が違うということで、卒業後に相談にくる学生たちも少なくありません。採用試験の際にきちんと正しい情報を明示するとともに、採用後も給与面については丁寧な説明をすることが必要です。

　仕事量や勤務時間についても、保育者養成校の学生たちは世間の働き方改革の動向などを学び、知識として持っています。一昔前までは多くの保育現場では、夜遅くまで次の保育の準備を行う居残り業務、持ち帰りの仕事などが常態化していていました。また、先輩保育者が帰るまで帰ることができなかったりすることもありました。夜が更けても煌煌と明かりのついている保育施設も珍しくありませんでした。今日、保育者養成校の学生が卒業後に就職した保育施設で、こうした労働の慣行があれば、きっと違和感を持ってしまうはずです。管理職として改善できるようにしたいものです。

　休憩時間についても同様のことが言えます。保育者には休憩時間はないという考え方もありました。今はどこの職場でも、法令に則って休暇や休憩時間はきちんと確保することが当たり前のことになっています。休憩時間が取れないことについて、卒業後に保育者養成校に相談に来る卒業生もいます。今日、先進的な保育現場では、保育計画などを立てたりする

時間として、子どもと関わらないノンコンタクトタイムを導入する動きも出てきています。働き方をめぐる動向にも敏感になるようにしたいものです。

　仕事の内容についても、新人など若手保育者にあまりにも責任の重い仕事を課すようなことのないようにしたいものです。保育者養成校を卒業したばかりの新人にとって、子どもの保育、保護者対応、指導計画立案などは、どれも慣れずに大変なことばかりです。責任ある仕事を急に与えてしまうことは、自信をなくさせてしまい、新人を潰してしまうことにもなりかねません。

　若手保育者に仕事を与える際も、昔はそれが当たり前だったという価値観を捨てて、ベテランの保育者が支えながら育て、仕事を習い覚えさせていくことが必要だと思います。

　保育を志す者は貴重な人材です。若い保育者が早期に離職しないように、実習生を育てるようなあたたかな視点で指導していくことが求められます。これらについても本書第3章以降からヒントを得ていただきたいと思います。

（参考文献）
1）垣内国光・義基祐正・川村雅則・小尾晴美・奥山優佳『日本の保育労働者——せめぎあう処遇改善と専門性』ひとなる書房、2015年
2）厚生労働省保育の現場・職業の魅力向上検討会「第5回参考資料1——保育士の現状と主な取組」2020年
3）新保友恵「保育士が働き続けやすい保育施設の職場環境と組織作りに関する研究」『21世紀社会デザイン研究』2019年
4）東京都福祉保健局『東京都保育士実態調査報告書』2019年
5）独立行政法人労働政策研究・研修機構『若年者の離職状況と離職後のキャリア形成Ⅱ』2020年
6）日野さくら・高野亜紀子・利根川智子・和田明人「保育者養成校における就職支援についての一考察」『教職研究』2018年

2　新任保育者の悩みにはどのようなものがあるか

「期待していたのに、どうして辞めてしまったのかしら…」

「保育者として成長して欲しいけれど、負担に感じて辞められてしまったら…」

「こちらから話しかけても反応が薄くて。保育に興味があるのかなって。もう少し自分から積極的に仕事を覚えようとしてくれたら良いのだけれど…」

今日、保育施設へのニーズが高まる一方で、保育者不足が深刻な課題となっています。

保育者を育てることは保育の質を高める上で重要なことです。特に、就職後からの数年は保育者としての専門性を育成していく上で重要な期間とされています。今日、急激な社会変化と共に、保育のニーズも多様化し、保育者に求められる専門性も高度化している現状があります。

そのような状況での保育者育成は難しいものです。新任保育者の重要性はわかっていても、「人材確保」と「離職防止」の文字が頭をよぎります。辛いことがあると、簡単に離職してしまうといったケースも見られるようになりました。目まぐるしい時代の変化とともに若者の価値観も変化しています。また、新任保育者を理解したいと思っても、リーダー自身の辛かった新人時代の出来事も、今となってはマイルドに自分自身を成長させてくれた懐かしい思い出になっていることもあるでしょう。人にとって忘却はつきものであり、人は経験を重ねる中で出来事の意味づけも変化させます。保育に関する専門的な知識や技能は、経験とともに熟達化され、暗黙知として身体化されていきます。ですから、新任保育者が何に悩んでいるのか、理解したくても想像がつかなかったり、歯痒い思いを抱いたりするのは、当然のことなのかもしれません。

一方、新任保育者側からリーダーの存在を捉えてみるとどうでしょう。リーダーは保育の先輩としてだけではなく、管理職という立場です。リー

ダーに「迷惑をかけたくない」「心配されたくない」「認められたい」「褒められたい」といった心理が働き、本音を言えない状況も生じてきます。しかし、それは自然な心理なのかもしれません。また、新任保育者は、他の年代の保育者と比較して、ストレスに耐えられる力が弱いことも明らかとなっています。悩みがあっても、相談する前に辞めてしまうといった状況も生じてしまうのです。

　実際に新任保育者はどのような悩みを持っているのでしょう。全国保育士養成協議会が幼稚園、保育所、認定こども園に勤務する保育者に行ったアンケート調査結果（2010）によると、新任保育者は、主に「保育に関すること」「勤務状況に関すること」「職場内の人間関係に関すること」に悩みを抱いているようです。

　それぞれの保育施設においては、新任保育者に関し、様々なサポートを行なっていることと思います。しかし、そのサポートは新任保育者が求めるものになっているのか、新任保育者のストレスが緩和されるものになっているのか、新任保育者の視点から検討することが必要です。

　ここでは、幼稚園・保育園・認定こども園に就職した保育経験1〜3年目の新任保育者に焦点を当て、新任保育者が持つ悩みについて事例をもとに、サポートのあり方について考えてみたいと思います。

(1)　保育に関する悩み

〔事例〕質問したくても、何がわからないのか自分でもわかりません

　1年目のアシダ先生は、毎日が責任実習のようだと言います。先輩保育者や主任の先生から、「わからないことは何でも気軽に質問してね」と声をかけてもらえるそうなのですが、質問しても「そんなこともわからないの？」と思われてしまうのではないかと躊躇してしまうそうです。自分の行っていることが正しいのか間違えているのか、毎日不安の中にいます。
　アシダ先生は、質問したくても自分でも何がわからないのか、そのこと自体がわからないと言います。

ア　具体的な言葉をかける

　「何でも気軽に質問してね」といった声がけは、新任保育者にとって

心強く安心できる言葉です。とはいえ、質問したくても「何がわかない
のかが、自分でもわからない」といったアシダ先生の本音も見えてきま
す。

　新任保育者は、言葉の通り「何もわかっていない」のでしょうか。そ
のようなことはないと思います。何をどのように話せばいいのか、保育
を語る視点がわからないのでしょう。また、「意欲のある自分を見せたい」
「期待に応じたい」「少しでも保育施設の役に立ちたい」といった気持ち
もあることでしょう。「養成校で勉強してきたのに、前にも助言された
のに、わからないとは言えない」といったプレッシャーになっている場
合もあります。

　そのような新任保育者に対し、リーダーはどのようなことを心がけた
ら良いのでしょう。「わからないことは何でも聞いてね」という窓口は
いつでも広げておくことは大切です。その上で、「タロウくん、『今日は
自分でやる！』って、頑張ってお着替えしていたわね」「朝は泣いてい
たのに、先生が関わって遊んでいたら、気持ちが切り替わったのか楽し
く遊んでいたわね」など、子どもの姿を新任保育者と共有するスタンス
で、具体的な言葉を添えて声をかけていくことが大切です。「実は、タ
ロウくん、あの後、こんなことがあったんです」など、新任保育者もそ
の時の状況が語りやすくなります。そのように、保育を語り合う楽しさ
を新任保育者が味わえるように工夫することがファースト・ステップで
す。ちょっとした語り合いの中で新任保育者自身は、保育で大事にした
い視点を掴むことができるでしょう。質問したいこと、一緒に考えて欲
しいことも自然に出てくるかもしれません。リーダーの役割は、新任保
育者が保育を語れる糸口を見つけることなのだと思います。

イ　新任保育者の状況を理解する：学生から社会人への移行
　長い学生生活を経て社会人となった新任保育者は、正職員として組織
の一員となるわけですが、保育者の仕事の幅広さと責任の重さに直面し
ます。また、これまで培ってきた理想や幻想の保育者像と現実のギャッ

プに戸惑うのもこの時期特有の様相です。保育現場で、これまで学んで
きたことや自分自身の価値観が本格的に試されます。新任保育者にとっ
てこの時期は、苦しい時期なのかもしれません。

　また、勤務体制に順応すること、保育の流れを理解すること、子ども、
職員、保護者の顔と名前を覚えること、電話応対をすること、周辺の環
境を把握すること、掃除の仕方や物の置き場所を覚えること等、新任保
育者にとってみれば覚えなければならないこともたくさんあります。各
保育施設の文化もありますから、これらは就職した保育施設に入って初
めて学ぶことになります。社会人になったことを機に一人暮らしを始め
たという新任保育者もいることでしょう。そのような場合、新任保育者
は、社会人としての適応だけではなく、新生活への適応といった二重の
適応を迫られていることになります。社会人となったばかりの新任保育
者がどのようなことに戸惑っているのか、温かな雰囲気で見守り、声を
かけていくことが大切です。

〔事例〕上司の目を気にしながら保育をしています

　サトウ先生は保育歴2年目、4歳児クラスの担任です。今年度、初めてクラス
担任になりました。サトウ先生はクラスをまとめる難しさを感じ、毎日の保育が
辛くて仕方がないそうです。そのようなサトウ先生の様子を園長先生や主任保育
者も気になるのか、心配そうに見守ってくれるそうなのですが、サトウ先生にとっ
ては苦痛です。園長先生や主任保育者の視線が気になってしまいます。子どもよ
りも園長先生や主任保育者の顔色を見ながら保育していると言います。職員会議
では、毎回指摘を受けます。1週間の中で一番緊張する時間です。「週のねらい
は何だったのか。子ども達に無理があった計画だったのではないか」「全体の子
どもの姿を捉えていない」など大切な助言であることはわかるのですが、辛い時
間です。自分だけがポツンと取り残されているような気分になるそうです。

　保育者として育ってほしいという思いがあっても、その意図や思いが
新任保育者に伝わらず、場合によっては保育者が萎縮してしまう場合が
あります。子どもではなく、施設長や主任保育者の顔色を見ながら保育
をしてしまうと、保育も余計に辛くなります。そうなると、保育に集中
することも、子どもの心に寄り添うことも難しいでしょう。

　保育は子どもの「今」を捉え「未来」を見通しながら子どもと共に保
育を創造することが求められます。試験や入試といった「正解があるこ

と」を長年経験してきた新任保育者にとっては、「これで良いのだろうか」
と迷いや不安を抱くでしょう。そのような新任保育者にとって「今日の
保育のねらいは何でしたか？」と聞かれることは、面接試験を受けてい
るような気持ちになってしまうのかもしれません。

ウ　新任保育者の成長段階を理解する

　人の成長と同様に、保育者の成長にも段階があります。

　新任保育者の段階は、自分の過去の経験や価値判断をもとに判断し、
保育することが多い時期であると言われます。保育実践や子どもの成長
の姿への見通しが持ちにくい新任保育者も卒園式を終えて、ようやく1
年間の保育の流れを見通すことができたと実感を持つことも多いようで
す。

　また、子ども一人一人との関わりを大事にすることと同時にクラス全
体も把握することは、新任保育者の大きな課題の1つです。保育者の思
い通りに子ども達をまとめる事に気持ちが向いてしまうことで、クラス
運営が閉塞感あふれる様相、または、かえってクラスがまとまらないと
いった状況になってしまうということもあります。全体を捉えることば
かりに意識が向き、いわゆる見回り保育のようになってしまう場合もあ
ります。保育が悪循環となって展開されていくことは、新任保育者にとっ
ても辛いことだと思います。負のスパイラルに入ってしまったような状
況になり、保育で大事にしたいことも見失ってしまうことになるでしょ
う。新任保育者が子ども一人一人と向き合い、じっくり関わることがで
きるようサポートしていくことが、クラス一人一人の状況を把握する力
につながります。

　職員会議の際には、リーダーは上の立場から一方向的に指導していく
のではなく、新任保育者がどのようなことにつまづいているのか、悩ん
でいるのか、しっかり耳を傾け、共に模索し解決していくことも大切で
す。職場全体としてのサポート体制が必要でしょう。結果的にそれらは
新任保育者のやりがいや専門性の獲得につながります。

エ　メンターをつける

　保育者が不安を抱いたり萎縮してしまったりなど心身が解放されない状態は、保育にも良い影響を与えません。いつでも気軽に保育のことについて相談できる人がいれば、安心して保育に向かうこともできるでしょう。このような新任保育者をサポートするための方法として、「メンター」をつける場合があります。メンターとは経験がない初心者をサポートする先輩保育者のことを指し、メンターから提供される支援をメンタリングと呼びます。

　新任保育者は、メンターと共に保育をする中で具体的なアドバイスをもらいます。保育の後には、共に保育を振り返り、次の日の保育に向けて改善していきます。このようにメンターを拠りどころに安心して保育に向かうことができます。そしてそのようなプロセスの中で、新任保育者は、子どもとの関係性の中で保育が展開されているという実感や手応えを感じるようになります。主体的な保育を展開していく基盤は、周囲の支えによってつくられるのです。

オ　語り合うことを楽しめる職員会議を

　保育者同士が本音で保育を語ることができることも新任保育者を育てていく上で大切な要素です。しかし、本音で語る際には気をつけなければならないこともあります。本音で語り合うということは、歯に衣着せぬ言葉で相手を批判することとは異なります。本音で語り合う際に大切なことは、「お互いを大切にしながら、それでも率直に、素直にコミュニケーションをする」こと、つまり、自分も相手も大切にするアサーティブな自己表現を心がけることです。アサーション・トレーニングを日本に取り入れた平木（1993）は、自分も相手も大切にしたアサーティブな発言には、歩み寄りの精神があり、多少時間がかかってもお互いを大切にし合ったという気持ちが残ること、話し合いのプロセスでは、より豊かな創意工夫が生まれ、1人の提案よりも満足のいく妥協案が探り出せる可能性があることを述べています。

　子どもや保育について本音で語り合えることは、保育者自身の心を開き、自由感を持った保育実践へとつながります。また、世代や価値観が異なる多様な保育者同士が本音で語り合うことは、保育を支え合う保育者集団へと成長していきます。このような保育者集団へと成長することは、保育者一人一人の保育力につながるだけではなく、保育施設が直面する様々な課題や危機についても乗り越える力となります。しかし、語り合いの際、リーダーが「話を聴かなければ」と身構えてしまうと相手にも伝わり、堅苦しいものとなってしまいます。さらに、相手の語りに反応することが良いと思っていると、早くアドバイスしたくなってしまい、結果的にリーダーだけが話してしまうということにもなりかねません。相手が聴いてくれているという実感は、言葉だけではなく聴いている相手の目や表情からも伝わります。リーダーは、指導的な立場に立つのではなく、新任保育者はもちろんのこと、保育者一人一人が語り合い、共有し、模索することができる雰囲気や流れを作ることが役割となります。

アサーティブな自己表現	自分も相手も大切にした自己表現「私もOK、あなたもOK」	正直　率直 自他尊重 歩み寄り 自分の責任で行動 　　　　　　など
攻撃的な自己表現	自分の言論の自由と人権のために自己主張はするが、相手の言い分は無視・軽視「私はOK、あなたはOKではない」	強がり 尊大 操作的 優越を誇る 責任転嫁　など
非主張的な自己表現	自分の気持ちや考え、信念を表現しない。一見、相手を立てているようだが、自分の気持ちにも不正直で、相手に対しても率直ではない。「私はOKではない、あなたはOK」	引っ込み思案 消極的 依存的 他人本位 服従的　など

平木（1993）をもとに筆者作成

(2) 人間関係に関する悩み

〔事例〕先輩保育者に対する悩み

　1年目のオノ先生は、3年目の先輩保育者と3歳児クラスの担当をしています。オノ先生は、先輩保育者とうまく関係が築けないことに悩んでいます。オノ先生が子どもと関わっていると、先輩保育者が冷たい視線で見ていることもあるそうです。保育の打ち合わせや子どもの姿についての話し合いもありません。先輩保育者の顔色を見ながら働いていると言います。気持ちも重くなり、出勤するのが怖いといった気持ちが日に日に強くなっているそうです。

　「人間関係に関する悩み」は、保育者が抱える大きな悩みの1つです。新任保育者にとって、同僚の存在は支えとなりますが、同僚との関係がうまくいかない場合はメンタルヘルスを不調にさせる大きなストレス要因となります。保育観が一致しない場合や、お互いが納得するまで話し合いがされていないといった状況は、保育のやりにくさにつながります。保育者としての成長のきっかけや保育に対するやりがいにも影響を及ぼします。

　このような保育者間の人間関係の歪みは、表面上ではなかなか見えにくいものです。リーダーのもとに届いた時には、深刻な状況へと発展していることもなりかねません。

　この事例においては、新任保育者の場合、先輩保育者に対し萎縮してしまい自分の考えを言えないといった状況が起きていることがわかります。また、3年目の先輩保育者の場合、クラスを担当する責任から心に余裕がなく、保育者自身の心が解放されていない状態で保育をしているという姿も見えてきます。歪んだ関係の中では、保育が硬直し、質も低下します。結果として、子どもに対するまなざしも冷たいものとなるでしょう。何よりも子ども達は保育者同士のギスギスした関係を敏感に察知します。リーダーは日頃から保育に入り、保育者一人ひとりの状況や、保育者間の関係性を鋭く、かつ冷静に把握する必要があるでしょう。

保育現場における人間関係

　保育者間の連携が大事であることは、保育者であれば周知の事実でしょう。しかし、実際は難しいものです。共に働く中で、互いの子どもへの理解や保育観、仕事の進め方などに関するズレも見え、葛藤も生じるようになります。人は感じ方も捉え方もそれぞれ異なるのですから、ズレが生じることは自然なことです。しかし、その際に、「私の方が子どものことを知っている」「私の方法が正しい」など競争心を持ってしまうと、保育者間に緊張感や歪みが生じ、保育が堅苦しいものへとなってしまいます。重田（2010）は、実際にあった保育現場での保育者同士のいじめに関する事例を挙げながら、保育者同士が励まし合い、支え合いながら生き生きと働く場になっていない職場には、「いじめ」が起こりやすいことを指摘します。リーダーの責務として「職場運営の民主性」「職員の個性・人格の尊重」「保育観の共有と職員間の共感」を実現できる職場づくりを行う必要があるとしています。

　それでは、歪みをなくし、良い関係を築くためにはどうしたら良いのでしょう。先ほども述べましたが、互いを尊重し合うアサーティブな自己表現が重要になってきます。平木（1993）は、葛藤が起きた際には、すぐに折れて相手に意見を譲ったり、相手が自分の同意してくれることを期待するのではなく、面倒がらずにお互いの意見を出し合って、譲ったり、譲られたりしながら、お互いが納得のいく結論を出そうとする相互尊重が重要であると述べています。リーダー自らが率先して、アサーティブな自己表現を実践していくことが大切でしょう。

(3)　退勤時間や仕事量に関する悩み

〔事例〕「お先に失礼します」が言い出せない

　イノ先生は、定時を過ぎてもなかなか退勤できないことに悩んでいるそうです。先輩保育者が残って仕事や話し合いをしていると、自分が先に退勤することができなくなってしまい、結局、遅くまで残ってしまうそうです。社会人になったら仕事もプライベートも充実させたいと思っていたイノ先生でした。しかし、現実は自宅と職場の往復です。このまま何年も同じ生活が続くのかと思うと、いっそのこと転職した方が、今よりも充実した生活が送れるのかもしれないと考えています。

〔事例〕「週末なのに、気持ちがどんよりしています」

　ウメダ先生は、保育記録や製作活動の準備など、週末に仕事を持ち帰ることが少なくないそうです。月曜日からまた保育が始まると思うと、日曜日はどんよりと気持ちが重くなり、友人からの誘いも何となく断ってしまいます。結局、リフレッシュできないまま、月曜日を迎えてしまうことも多いそうです。

　保育者が離職を考える理由の1つに、「残業の多さ」が挙げられます。このことは新人保育者に限らないことかもしれません。先輩や管理職が退勤しないとなかなか帰りにくいという話を聞きます。また、保育者の持ち帰り仕事は、職業文化のように、保育者にとっては当たり前といった現状として依然として見られます。

　今日、保育者の人員確保が困難になり、仕事量は増加、仕事内容も多様化しています。しかし、このような状況だからこそ、保育者の仕事量を軽減し、職場から離れて休息をとることは、ますます必要となっています。

　勤務時間内に仕事が終わらない、仕事を自宅に持ち帰るなどの量的負担は、保育者のメンタルヘルスに影響を与えます。保育者のメンタルヘルスが悪化すると精神的に余裕がなくなり、結果的に保育にも影響してきます。

仕事の生活の調和を実現するために

　保育は、子ども一人一人と心を通わせるとともに、全身の感覚を働か

せながら専門性を発揮する職業です。また、保育者という職業は、自分
の感情をコントロールすることが求められる「感情労働」であるとも言
われます。疲労感を感じていても保育の場では自分の感情を抑え、明る
く元気な自分を無理につくってしまうこともあるでしょう。「常に明る
い笑顔を意識しているあまり、退勤後にスーパーで買い物していてもニ
コニコと口角を上げている「保育者の自分」がいたということもよく聞
く話です。子どもの前では、穏やかにと自分の感情をコントロールする
ことも多い保育者は、仕事から離れ「素の自分」に戻る時間が最も必要
な職業であるとも言えるでしょう。

　2019年4月より「働き方改革」がスタートしました。この「働き方改
革」は、働く方々の健康を守り、仕事と生活の調和（ワーク・ライフ・
バランス）を実現するための取り組みです。「働く人一人ひとりが、よ
り良い将来の展望を持てるようにする」。つまりは、子どもたちの「今
ここ」を大事にすることが、子ども達の「未来」につながるように、保
育者の「今ここ」を充実させることが、保育の土台となるのかもしれま
せん。単に身体を休める時間としてだけではなく、職場以外での楽しみ
が、結果として豊かな保育へとつながる場合が多いように思います。

　ひと昔、ふた昔前までは、行事前になると遅くまで残って準備をして
いたものでした。保育の話で盛り上がり、気がつけば20時だった話もよ
く聞いた話でした。平日や週末に仕事を持ち帰ることも当たり前の習慣
でした。保育者だった筆者も、指導案やお便り、製作活動や行事に関す
る準備物など、大きなバックを抱えて通勤したものです。しかし、時代
は変容しました。「ワーク・ライフ・バランス」という一人一人のやり
がいや充実感が目指される今、「遅くまで残って仕事をしている＝頑張っ
ている」という時代は終わりました。保育者は、1人の人間として、仕
事をする時間以外に、自由な時間と家族と過ごす時間などの生活の時間
が一人ひとりにあります。また、仕事のために十分に睡眠をしっかりと
り、心身ともに健康な状態で保育に向かう状態を作ることも保育をする
上で重要なことです。

　一人一人の「ワーク・ライフ・バランス」を実現するために、まずは、リーダー自身が働き方への意識を変え、職員一人一人が気を遣わずに退勤でき、リフレッシュできる雰囲気を作る配慮が必要なのかもしれません。

3　新任保育者をどう理解するか：保育者養成校の学生の姿から

　保育者を目指す学生の志望理由は、「子どもが好き」「子どもの頃からの夢」など現実的志向よりも情緒的志向の傾向があることが指摘されています。そして実際保育者への夢を抱いて入学してきた学生達は、保育の学びを進めていく中で、「私に保育者の適性はあるのだろうか」「私は本当に保育者になりたいのだろうか」という問いや自分自身の課題に直面し揺れ動く時期があるようです。これまで、「保育者」に対しイメージしかなかった学生達が、「保育者」という職業に向き合い自分自身を見つめるスタートラインに本当の意味で立った大切な時間なのだと考えています。

　保育者養成校の教員も、学生一人一人に対し、どのような保育の専門性を身につけて欲しいのか、将来の姿を見据えながら願いを持ち養成の方法を探ります。ここでは、保育現場の先生方にバトンを渡す思いで保育者養成の様子を描いていきたいと思います。

(1)　保育者を目指す学生達の人間関係

　「自分も人見知りなので、声をかけてやってください」
　「○○が好きでライブには欠かさず行っています。もし、好きな人がいたら良かったら絡んでください」

　保育者養成校に入学した学生達の自己紹介の様子です。この数年の傾向として、「人見知り」といったキーワードを入れる学生が増えてきました。また、「〜してやってください」というフレーズを加える学生も見られるようになりました。なんと謙虚な自己紹介なのだろうと思います。自分から積極的につながりを求めるというよりも、様子を見ながら自分も相手も傷つかないような自己紹介です。このような自己紹介を聞くと教員側は、適応できるだろうかと心配し、入学後の様子を見守ります。しかし、心配をよそに多くの学生は、学籍番号が近い、席が近いなどをきっかけに関係を作っていきます。その人間関係のありようは、大

人数のグループで賑やかにというよりも、少人数のこぢんまりとした関係が点在している印象です。そのようなことも影響してか、全体で何か企画をしたり討議をしたりする際には、反応が薄くとても静かです。全体が動き出すための工夫を教員側が迫られることも少なくありません。そのような学生達の関係性ですが、「今どき」とも言えるのでしょうか、興味深いことに、人間関係の濃淡に関わらず、誰がどこで何をしていたのか、今どこにいるのか、SNSなどを通し、学生それぞれが知っていたりします。今風の人間関係の持ち方なのでしょうか。

　今日、保育者を目指す学生のコミュニケーション力を育むことが保育者養成校での課題となっています。学生には、直接的なつながりの中で関係を模索し他者理解や自己理解に繋げて欲しい、多様な人との出会いを楽しんで欲しいと願うところです。このような実態を鑑み、保育者養成校では学生のコミュニケーション力を育むための様々な試みを行なっています。筆者が担当する科目でも、子どもの人間関係を育む保育者になるためには、学生自身の人間関係を育むことが大切だと考え、様々なメンバーとのグループ演習を導入しています。初めは、あまり話したことがない人と同じグループになったことや異なる意見を持った人との話し合いに戸惑う様子も見られますが、次第にそれぞれの持ち味に気づくようです。経験を重ねていくことの大切さを保育者養成においても実感するところです。

(2)　学生の主体性を育む

　「これで良いですか」「どうすれば良いでしょうか」

　学生からこのような質問を受けることがあります。報告、連絡、相談を怠らない真面目な印象を受けます。保育者になるためにもとても大切なトレーニングだと考えています。しかし、ひとたび考えてみると、教員に指示を仰ぐのではなく、自分で判断すべき場合も多く見られます。教員から指示することは簡単です。しかしこのような場合、こちらは学生に返答したくなる気持ちをぐっと抑えます。

「○○さんは、どうすれば良いと思いますか？」「○○さんは、どうしたいですか？」教員にパスしてきたボールを一旦学生に返すようにしています。一瞬、「どうして？」「わからないから聞いたのに不親切だ」と動揺する学生もいますが、「主体はあなたです」というメッセージを必ず伝えるようにします。そこでハッと気づく学生が多いように思います。

　このような姿は、実習がスタートする前にも見られます。「実習を通しこのようなことを学びたい」という気持ちよりも先に、「厳しい先生がいるのではないか」「初めての実習で指導案を書くことになった」「失敗したらどうしよう」など実習に行く前から心配しています。自信のない学生の姿が見えてきます。

　保育者養成校の教員という立場から、「保育者になるためにはこうあるべきだ」と声高々に旗を振り、学生をトレーニングすることは可能です。しかし、それでは、学生にとって主体的な意味のある経験にはならないと考えます。時間がかかっても学生自らが意味を見出し変化していくことが大切なのではないかと、保育者養成校を卒業し保育者として羽ばたいていく学生の成長の姿から学び、思うようになりました。スイッチが入った学生の姿は、目の輝きや言動も別人のようです。人は誰もが能動的で主体的な存在であるのだと思います。将来を共に見つめ、対話を重ねていく関係を築きながら、学生が1つ1つ経験し、意味を実感できるようにこちらも伴走していきたいと思います。

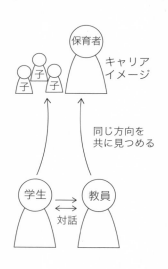

(3)　経験を通し育つ学生達

　普段、学生と関わることが多い筆者は、時代の流れの速さを感じるような、異なる文化に出会ったような出来事にしばしば遭遇します。また、

反対に、教員に対し同様なことを感じ、質問を受けることもあります。

　教員から学生に対し、慣習やマナーを伝えることも多くなりました。机の上にバックは置かない、話す時は携帯電話、スマートフォンは操作しない、実習先へのお礼状は、茶封筒ではなく白封筒を使うなど様々です。また、メールに件名が入っていなかったり、要件のみが書かれたメールが届くこともあります。ごくたまにではありますが、こちらから連絡しても返事が来ないといった場合もあります。その都度、連絡を受け取ったら返事をすること、いわゆる「ほう・れん・そう（報告・連絡・相談）の大切さを伝えます。また、メールの書き方についても、突然、要件だけ伝えられたら送られた相手は驚いてしまうこと、挨拶はメールでも大切なことを伝えます。丁寧にその意味を伝えるとほとんどの学生が納得し、対応ができるようになります。

　初めての出来事に出会い、戸惑いながらも意味ある経験としていく学生達です。これから始まる学生の保育人生において、保育者養成校での時間は、保育者になるための入門編といったところでしょう。たくさん経験し、しなやかでたくましく育って欲しいと思います。

（参考文献）

1 ）エドガー・H・シャイン（著）二村敏子・三善勝代（訳）『キャリア・ダイナミクス――キャリアとは、生涯を通しての人間の生き方・表現である』白桃書房、1991年

2 ）エドガー・H・シャイン（著）金井壽宏（訳）『キャリア・アンカー――自分のほんとうの価値を発見しよう』白桃書房、2003年

3 ）厚生労働省（2019）「働き方改革　一億総活躍社会の実現に向けて」（https://www.mhlw.go.jp/content/000474499.pdf）　最終アクセス2022年 2 月16日

4 ）久村恵子「メンタリングの概念と効果に関する考察――文献レビューを通じて」『経営行動科学』第11巻第 2 号、81-100頁、1997年

5）砂上史子（編著）『保育現場の人間関係対処法──事例でわかる！職員・保護者とのつきあい方』中央法規出版、2017年

6）須永美紀（2018）「新任保育者へのサポート体制に関する一考察──保育士へのアンケート調査を通して」『こども教育宝仙大学紀要』9(2)、39-46頁、2018年

7）諏訪きぬ（監修）『保育における感情労働──保育者の専門性を考える視点として』北大路書房、2011年

8）重田博正『保育士のメンタルヘルス──生きいきした保育をしたい！』かもがわ出版、2007年

9）重田博正『保育職場のストレス──いきいきした保育をしたい！』かもがわ出版、2010年

10）全国保育士養成協議会「指定保育士養成施設卒業生の卒後の動向及び業務の実態に関する調査（報告書Ⅰ）」『保育士養成資料集』第50号、2009年

11）全国保育士養成協議会「指定保育士養成施設卒業生の卒後の動向及び業務の実態に関する調査（報告書Ⅱ）」『保育士養成資料集』第52号、2010年

12）津守真『子ども学のはじまり』フレーベル館、1979年

13）濱名潔・中坪史典「新任保育者の早期離職と育成をめぐる研究の動向と課題」『幼年教育年報』第41巻、61-74頁、2019年

14）平木典子『アサーショントレーニング──さわやかな〈自己表現〉のために』日本・精神技術研究所、1993年

第3章
どのように若い保育者をサポートするか

　第3章では、若い保育者をサポートする具体的な方法を説明します。

　第1節では、保育実践における若手保育者の戸惑いや悩みをサポートする仕方について、信頼関係づくりから、遊び心を表現することの大切さまで、主任や副園長の経験を元に述べていただきました。

　第2節では、保護者との関係づくりについては、日ごろの保護者とのコミュニケーションから子育てに不安を感じている保護者への対応まで、園長の立場から説明しています。

　第3節では、職場の人間関係づくりについては、振り返りや研修を通して行う保育ならではの関係づくりを、園長の立場から述べてもらいました。

　第4節では、保護者からのクレームやトラブルへの対応については、カウンセラーの立場から、また保育者養成校での教育経験を元に、保護者対応の基本となる姿勢や聞き方について述べられています。

　最後に、第5節では、若手保育者の心身の健康や働き方をサポートするための、面談やミーティング、園研修のやり方について、園長の経験から、抱負や具体例を挙げて説明していただきました。

　どの節でも、実際の取り組みや具体例を交えて説明していますので、参考にしてください。

1　子どもの保育についての戸惑い・悩みをどのようにサポートするか

(1)　経験の少ない保育者の戸惑い・悩みとサポートの必要性

　大学などの保育者養成校を卒業し、保育・幼児教育に携わって間もない保育者は、「一日でも早くその組織の一員として認められたい」、「自分の力を発揮したい」、「誰かの役に立ちたい」などの思いを胸に抱き、保育実践の悩みや戸惑いに葛藤しながらも、懸命に日々を過ごしているはずです。

　子どもたちに対応するための保育者としてのスキル・技術は、何かを伝えたり、意見を引き出したり、見守ったり、まとめたりするなど、奥深く多岐に渡っています。対象年齢によって、話し方や言葉を使い分けることも必要で、一人一人によって援助方法も異なります。

　子どもたちは、自身の欲求を各々の感性で表現し具現化しようとしますが、保育者にはこうした願望を叶えるための「場の提供」や「感性を受け止める技量」、「子どもの言動を理解する力」、「具体的な教育を構想する力」の発揮も求められます。

　専門性の発揮という観点では、例えば、特別な支援を必要としている子ども達への対応としてインクルージョン教育なども挙げられます。特別な支援を必要としている子どもの将来の社会活動の可能性を広げる為の礎を築くことを目的に、保育者は療育施設との連携や次のステップに進む為の引き継ぎを行うなど、子どもの行動特性の理解や専門的な知識に基づいた対応を行う必要もあります。こうした専門的な実践力は、幼児教育に携わって間もない保育者がすぐに身に付けることなど、到底できるはずがありません。

　このように保育者が求められる様々な要請に対し、対応力を向上させていく為には、保育者自身が主体的に専門的知識の習得に取り組むことは勿論、経験豊富な指導者や先輩とのコミュニケーションなどを通じた有効な手法の獲得など、現場での実践による技術の蓄積が必要です。そ

の為には、園長や副園長、教務主任などの指導的立場の者が、自ら研鑽に励み、適切な指導を行い、日常的なコミュニケーションなどを通じてモチベーションの向上を図るなどのサポートを行っていくことが極めて重要です。

　では、指導者は、こうした経験の少ない保育者の戸惑い・悩みに対して、どのように指導・サポートを行なっていくべきなのでしょうか。現在は「パワハラ」などの社会問題もあり、「厳しすぎてはいけない」、「否定から入ってはいけない」などとも言われており、指導する立場にある皆さん自身が遠慮や戸惑いを感じているかもしれません。「最近の若者は、怒られ慣れてない、打たれ弱い」とのイメージとも重なり、言いたいことの半分も言えずに我慢したり、伝え方に困惑している方もいらっしゃるのではないでしょうか。

　筆者は、1995年に幼稚園教諭となり、2007年から現在に至るまで、教務主任・副園長として保育者の指導を含めた園の実務運営全般に携わる職務に従事しています。

　以下、経験の少ない保育者の「子どもの保育についての戸惑い・悩みをどのようにサポートするか」について、まず前提として必要と考える指導者の「姿勢」についてご紹介します。

　その後、「保育者の成長の為に指導者が具体的にどのようなサポートを行うべきか」との実務的な視点から具体的な実践例を交え方法について述べていきます。

(2)　まず指導者側から信頼関係の構築に尽力すべき

　経験の少ない保育者（被指導者）に対して業務指導・サポートを行う上で、私が大切にしている姿勢は、以下の3点です。

① 思いやりを前提とした相手の心を開放することのできる態度で接する。

　指導者がこの姿勢で接することによって、被指導者の緊張がほどけ、信頼関係、親和性を増すことができます。緊張がほどけると、心の安定

を保持でき、自ら自由に発言をするようになり、他人の意見も受け入れやすくなります。集団との結束力や信頼関係が生まれることで、被指導者自らの気付き（自己学習）も増えていきます。

事例①　　　　　　　　　　　　　　　　　　　　　　　　　　5年目

　終礼時、園長先生が教職員全員に対してお話をされた時のこと。
　「反応のいい人になりなさい。人の話を聞く時は頭を動かして相槌をうち、内容を了承した時にはハイと大きな声で反応するとよい」といった指導内容でした。話と同時に、実際にお手本を見せてくださり、その大袈裟な動作に、教職員は大笑い。
　面白おかしくお手本を見せてくれたことで、印象づき、指導されている内容がより明確に伝わってきました。面白かったので、後にも何度もこの時のことが話題に上がりました。これからもいつまでも覚えていると思います。

---

② 　特に新任の保育者に対しては、立ち振る舞いの初期的な成長目標を
　　設定し、この水準に到達するまでは、指導者が存分に手を貸して育て
　　ていく。

　経験の少ない保育者への初期的な成長目標として、私が設定している事項は、「自分らしく振る舞えるようになること」、「周囲の人の役に立っている自分をしっかりと自覚できるようになること」の2点です。これができるようになって、その人の「人間味」が現れてくるまでは、大切に甘やかせながら存分に手を貸して育てていきます。指導の目的は、あくまでも、保育・幼児教育のプロとして専門性を兼ね備えた保育実践者を育成することです。どんな大人でも、初めての環境や慣れない環境に身を置いた段階では、緊張して本来の力を発揮するどころではないはずです。

　このような2つの姿勢は、「甘やかしすぎでは？」と捉える方もいらっしゃると思います。しかし私は、指導者がこうした態度で経験の少ない保育者に接し、意識づけや指導を行なっていくことが、経験の少ない保育者のモチベーションや、知識・技術習得意欲の向上に繋がり、結果として、子どもに対するしっかりとした保育実践者として成長していった実例を沢山見てきました。こうした対応によって、経験の少ない保育者が精神的にゆとりを持ち、保育現場での保育を構想する力・実践力が活性化され、保護者との関係も良好になり、保育者としての更なる成長意

欲に繋がっていくものと考えています。

③ 伝えるべき事をしっかり伝えるために、しっかり伝わる基礎的人間
　関係構築を意識する。

　経験の少ない保育者を成長させるために、指導者は当然、伝えるべき
ことはしっかりと伝え、かつ、被指導者にしっかりと伝わる事が重要で
す。

　経験の少ない保育者の初期的な成長目標ゴールとして設定している事
項として、「自分らしく振る舞いができるようになること」、「周囲の人
の役に立っている自分をしっかりと自覚できるようになること」を挙げ
ましたが、実は、このゴールに到達した被指導者は、しっかりと伝える
べきことが伝わる心持ちになっているはずです。

　これは、指導者と一定の信頼関係ができたため、指導者の言葉は「自
分の成長を考えて言ってくれている」と受け止めてくれる心持ちができ
ているからと考えます。

　その先の実際の伝え方の工夫は、指導者それぞれの腕の見せ所です。
色々な方法があるはずです。私の所属する園で、あるチーム（学年）の
リーダーと後輩の職務上の関係性がとても良いと感じていたので、後輩
の方にその理由を聞いたところ、以下の話が聞けました。

事例②	6年目

> 　1年目の時、どんな製作が子どもの育ちにあっているのかわからず、苦戦して
> いました。私の案（年少組の4月にハサミで紙を丸い形に切ること）に対し、「今
> ハサミ出したらうちのクラスは血が流れる！流血事件になるよ！」と反応してく
> ださいました。今になって考えてみると本当に、発達や時期についての理解が乏
> しかったと反省します。ただ一方的に「子どもの育ちに合っていないから」と言
> われるのではなく、目を見開き、声のトーンを上げてオーバーリアクションで話
> してくださったことで、「この活動は今は適してないんだ」ということが素直に
> 入ってきて、自信を失くさなくて済んだのだと思います。
> 　その後、きちんと指導していただけたことで、「もし間違っていたとしても自
> 分が思ったことを言ってもいいんだ。嫌な雰囲気ではなく、しっかり教えてく
> るんだ」と思い、どんどん発言できるようになりました。

　事例②は、指導者に対する信頼関係があるからこその反応で、指導者
はまず、この前提である基礎的人間関係をいかに作るか、環境を整える

かに尽力すべきだと思います。伝えるべき事をしっかりと伝え、しかも
しっかりと相手に伝わるためには、まずは初期段階での指導者側から働
きかけて信頼関係を構築することが重要だと考えます。

(3)　子どもの保育についての戸惑い・悩みサポートの実践例

　では、述べてきた前提としての考え方・姿勢をベースにして、具体的
にどのように指導・サポートを行っていけばよいのでしょうか。

　サポートする相手は、十人十色で経験や性格も違いますので、方法も
様々な工夫が必要です。その人の性格に合わせて、指導する方法やコミュ
ニケーションの方法を変えていく必要があります。一方で、被指導者か
ら見た指導者は、園長・副園長・教務主任・学年主任など、様々な立場
の人がいます。具体的なサポート方法は、こうした指導者の「立ち位置」、
「経験」、「専門性」によっても異なるはずです。

　以下、想定される3つの場面から実践例を紹介しますが、「環境整備」、
「実践方法」の一例としてご参考ください。

ア　実際の保育現場でのサポート例

イ　その他：園の活動場面での対応例

ウ　色々サポートしているのに伝わっていないと感じたら

ア　実際の保育現場でのサポート例
《日常の保育実践を観に保育室などを訪れた際の対応》
　子どもの保育について戸惑い悩みを抱える保育者へのサポートとし
て、実際の保育現場に指導者が入りこんで一緒に対応する場面も多くあ
ると思います。経験の少ない保育者が実践する保育を他者に見てもらい、
評価してもらうことは、客観性をもった自己分析に繋がり、保育者の更
なる成長のきっかけとなります。

　しかし、経験の少ない保育者は、指導者に実践場面を観られることは、
緊張や不安から抵抗感があるかもしれません。「もう二度と観てもらい

たくない」と感じてしまったら今後の成長にも影響が出てしまうでしょう。

　では、実際の保育実践場面を観る場合、指導者はどのように対応サポートすべきなのでしょうか。

　私は、評価の為にその場に入ると考えず、保育の足りないところを手伝いに入るという意識、かつ、その「場」や「時」を一緒に楽しむ意識を持って参加するよう心がけています。その場では進行中の保育を盛り上げて応援し、保育実践の「足りないところ」や「課題点」を感じた時には、事後に伝えるようにしています。

　具体的には以下のポイントに留意しています。

・その保育者が子ども達に言ったことに対し、うなずいてあげる
・子ども達がその保育者に注目するよう、子ども達に声を掛ける
・笑顔でその場にいる
・良いところを沢山見つけてメモを取り、なるべくその都度伝える
・成長ポイントをいくつか探し、事後に伝える（できれば1つか2つだけ）
・結果よりも懸命な姿勢を評価する

《保育を実践する姿を見せる》

　指導者の「立ち位置」、「経験」、「専門性」によっても異なるので一概には言えませんが、時には、指導者自ら、若しくは経験の少ない保育者と一緒に指導者主導で保育実践を行う姿を見せることも重要なサポート方法の1つです。

　経験の少ない保育者が、自身の受け持つクラスなどの場面で、指導者の教育実践を目の当たりにすることで「自身の何が課題なのか、どうしたら改善できるのか」を体感することができます。勿論、いくら指導者の実践であっても、パーフェクトに全てが良い見本を示せる訳ではありません。しかし、指導者が実際に動いて見せることで、イメージが膨らみ実践的な成長に繋がることは充分に期待できます。

　指導者が一緒に現場に立ち、主導して保育を行うことは、指導者にとっても有意義なことです。私自身も戒めていることですが、経験を積んでいくと、経験の少ない保育者の目線に立って、ものを考えることが容易でなくなり、気が付くと、随分と実情と離れたところから被指導者の成長にそぐわないアドバイスを行なっている場合があります。時には被指導者の直面する同じ場面に立ち、指導者自身が駆け出しの時代に経験した緊張や不安、つまずき、などを思い出してサポート方法を考えることも重要です。

事例③	5年目

　1年目で何もわからず、保育中も緊張していた私。年少組のクラスを大先輩と2人で運営をすることになりました。大先輩の保育は、全てが学びでした。そして、その大先輩の保育の中には、ユーモアがたくさん詰まっていました。例えば、子ども同士が喧嘩をして相手押し倒してしまった時のこと。ただ「危ない」と指導するのではなく、互いの気持ちを受容した後、実際に押されるシーンを再現し、大袈裟な動作で転んで泣き真似をしていました。その大袈裟な姿を見た子ども達と私は大笑い。しかし、痛かったことが伝わり、どうしたらよいのかを考えられる時間となりました。どんなに大変な事例も面白く捉えられるように指導をしてくれました。明日はどんな面白いことがあるかなと、1年目の私でも毎日幼稚園に行くのが楽しみになっていきました。1年目の私も緊張がほぐれ、自分らしくいられたことに今でも感謝しています。

《子どもの育ちを一緒に楽しく語り、専門知識と現実を融合させる》

　実際の保育現場に指導者が入りこんで一緒に対応する場面で、私は、被指導者と子どもの姿や育ちを一緒に楽しく語りあい、子どもについての専門知識を伝えていくことを心がけています。

　担当している子どもの情報を目の前で指導者と共有し、専門知識を交え成長過程などを話し合うことは、経験の少ない保育者の更なる成長にとって重要です。幼児期の年齢による発達状況や幼児期の特性、その対処方法に至るまで、保育者がプロとして専門的に理解しなければならない事項は多岐にわたります。それらを実際の保育場面で実践的に体感し、学ぶべき理論と現実場面を融合して蓄積することは、保育者の成長に極めて有効と考えます。

イ　その他：園の活動場面等での対応例
《設定保育（一斉活動）の準備場面におけるサポート》

　保育室などに出向いて日常の保育場面で行うサポートの他に、「うた」
や「製作」などのクラス単位の一斉活動である「設定保育」の実践に向
けたサポートも重要な課題です。

　私の所属する園では、設定保育を行う導入担当保育者に対し、園全体
でサポートを行うべく事前準備研修会を行なっています。保育後の時間
に、参加できる全保育者を交え、毎月数回、導入担当者が題材や運営方
法を提示し、本番を想定したリハーサルとして行なっています。担当以
外の保育者は子ども役になりきって参加するため、導入担当者は、言葉
遣いから進めるテンポまで、どのように行うのが子ども達に適している
かなど臨場感を持って確認しながら準備を進めることができます。

　経験の少ない保育者からは、当初は、大人相手に行うのは緊張するな
どの声も挙がりましたが、２回、３回と行なっていくうちに、他の保育
者の斬新な意見や、子どもの反応予測などからの学びが、自信に繋がっ
ていきました。

　この設定保育の事前準備研修会の運営に際し、私が心がけていること
は、決して指導者としての指導の場としないことです。私自身も子ども
役として参加しています。この研修の目的は、あくまでも経験の少ない
保育者の実践力向上に向けて他の保育者の実践から自身に活かせるヒン
トを探ることであり、保育者としての技術の引き出しや話法を増やし、
保育者一人一人の保育実践力を上げることに狙いがあるからです。目的・
場合・場面によっては直接指導を行わないことも重要なサポートになる
ということです。

　また、紹介した事前準備研修会の仕組みは、他の場面でも活用してい
ます。

　例えば、雨の日の保育中に、各クラスの保育環境を見廻っていて、子
どもがつまらなそうにしていて保育環境が子どもに合っていないと感じ
たら、皆さんはどのようなサポート方法を考えるでしょうか。朝礼や終

礼でそのことについて触れ、後は各保育者の努力に任せるという方法もありますが、それだけでは、園全体の実践力が上がっていくとは思えません。

　私は、「とっておきの雨の日の遊び」を保育者が一人ひとつずつ考えて、皆で持ち寄り紹介し合う研修を上記の設定保育時の研修形式で行なってみました。その後、それを一冊の冊子にして、保育者それぞれの引き出し集にまとめました。共に働く仲間から得たお気に入りのアイディアは、園運営にとって、とても大切な財産となりました。

《クラス通信作成においてのサポート》
　自園では、保護者への連絡方法の１つとして、月に１回、クラス毎に「クラス通信」を作成して配布しています。内容は、保育中の子どもたちのエピソードを１つか２つ挙げ、そのエピソードから読み取れる子どもの思いや成長を担任の目線から保護者に向けて発信していくというものです。これは、日頃は日中の子どもの様子を見ることができない保護者に対し、幼児期の発達特徴を踏まえて、一人一人の成長の現状を理解して頂くことを目的としています。

　この「クラス通信」を書き上げる過程は、経験の浅い保育者の成長に向けての重要なサポートとなっています。

　まずクラス担当の保育者は、学年のリーダーにエピソードの内容について相談します。次に文章にして、教務主任あるいは副園長、園長に添削を依頼し、添削終了後に面談を行ってクラス通信の完成に至ります。

　この面談の場は、指導者が一方的に話すわけではなく、一緒に考えながら、その事例においての子どもの気持ちや育ちに自ら気付けるように話していきます。私は、「クラス通信」の作成のプロセス自体が、経験の少ない保育者のサポートとなっていると考えています。

　保育者が子ども一人一人の状況を理解し支えていくためには、子どもの育ちを理解し、子どもの行動やつぶやきから、その思いを読み取る力が必要不可欠です。

　学年のリーダー、教務主任、副園長、園長といったその園の指導者と、自ら抽出した特徴的なエピソードについて語り合うことで保育者として必要な力の醸成に繋がっているからです。

《個人的な学びを園内で共有する》

　保育者が、研修参加や読書などで保育に関係する学びを得た場合、以下の3つの方法で、学んだ内容・保育への活かし方・感想などを、全員で共有しています。研修などに出掛け、学んだことを保育者自身の判断で実践に活かしたり、情報を共有することが有益であることは言うまでもありませんが、得た情報をまとめる力、発信する力など複数の力が同時に身に付いていくとも感じています。

①　研修等に参加した翌日の終礼時に、3分間で話す

②　本を読んだら、指定用紙に、本のタイトル、出版社等の基本事項の他、学んだ内容・保育への活かし方・感想を記入し、随時、誰でも見られるようファイリングしておく

③　指導者は朝礼等で自身の学びを随時発信する

ウ　色々サポートしているのに伝わっていないと感じたら

　保育者が何かを子どもに伝えたつもりが、後日、子どもには伝わっていなかったことが判った場合、多くの保育者は、自分の指導のどこが至らなかったのかを振り返ると思います。しかし、経験の少ない大人の保育者に対するサポートにおいては、同じように自分の至らなさを振り返ることができているでしょうか。困っている子どもには優しく接することができても、困っている保育者に対しては「大人なんだから、これくらい自分で考えられるはず」などと考え、「あなたはどうしたいのか」「どう考えているのか」などと、時には問い詰めるような指導になってしまうこともあるのではないでしょうか。

　「伝えているのに何故できないのだろう」と思ってしまいがちですが、「伝える方法に原因があるかも」と考えることも必要だと思います。

　保育者は子どものことだけではなく、人間そのものを理解しようとしなくてはならない仕事です。園に関わるすべての関係者それぞれの成長過程を見守る姿勢を持ち「伝える工夫を考えてみる」ことが大切だと思います。

《物事を伝える際の具体的な工夫として》
　はるかに高いレベルで様々な方法を実践していらっしゃると思いますが、以下は私自身が、サポート場面においてよく用いる手段です。

・図を描いて整理し説明する
　　言葉だけではなかなかイメージが伝わらなかったり、頭の中で上手く整理できない時に、文字や言語では難しかったことも、図で表した途端にわかりやすく伝わりやすくなったということがあります。

・例え話を取り入れる
　　何かを伝えようと話していても、伝わっていないと感じることもあります。また、伝えたことが上手くイメージできていないと感じることもあると思います。
　　そのような時に最も効果的であると感じるのが、「例え話」を用いることです。
　　その例えも、聞き手の興味がありそうな事柄を選ぶなど丁寧さを心がけてあれこれ試しています。

・質問形式で対話し、自身で答えを見つけられるようにする
　　自身で考える力の更なる成長を促すためにも、答えを言ったり、直接的に指示をするのではなく、その保育者が自身で答えを見つけられるような質問を投げかける方法も行っています。「これって、○○するにはどうしたらいいんだろうね？」、「これって、本当に○○でいいのかなぁ。どう思う？」など、場合によっては答えが判っていても悩

むふりをして対応することもあります。

・得意なことを見極め、褒めてから話す

　経験の少ない保育者を一人前に育てるために、ついつい不得意なところに目が行きがちです。改善点をしっかりと伝えなければならない時、敢えて、まずは相手の得意とする分野での行動や活動について話を始めることもあります。経験が少ないからこそ感じることのできる感性であったり、物事を習得していく吸収力であったり、業務を遂行する速さであったり、長所としてとらえてあげるべき点はないでしょうか。周囲から褒められたり、認められることで、園が自分の居場所だという感覚が増し、改善点などのアドバイスをしっかりと受け止める確率が高くなると感じます。

《日常の雑談こそ大切》

　なかなかものが伝わらないと感じるとき、前提として親和的な関係性が不足している場合もあります。

　普段から些細なコミュニケーションを取っていくことで、お互いのことを知り、普段使う言葉や話し方などに慣れていくことで、サポート場面で誤解が生じたり、伝わらなかったりすることが少なくなるのではないかと思います。また、何気ない会話の中から、その保育者の悩みを自然に感じ取れるようになっていくこともあると思います。他愛もない会話から保育者が悩みを打ち明けることも増えると思います。

　人によっては、自分が何に悩んでいるのかはっきりと自覚していないこともあります。だからこそ、日頃のコミュニケーションで感じ取ることが重要なのではないかと思います。

　保育者のサポートのためには、保育者が相談したいと思った時に相談できるよう、何気ない日常の雑談を意識して増やすことも大切だと思います。

事例④	3年目

　ある先輩教諭と私との間で、お互いに頼みごとや頼まれごとをする時には、わざと片言の英語で依頼したり、「お礼に明日おりがみ折ってくるね」とわざと子ども対象のような事柄を話に入れたりします。
　ただ、一方的に「これやっといて」と言われたり、「そういうのは１年目がやるべきでしょ」と言われてしまっては嫌な思いをするだけだと思います。このような少しのユーモアで自分にできることなら力を貸したいという気持ちになります。

事例⑤	1年目

　年度末に教育日誌やカリキュラムなどを主任がチェックする日のこと。私の書いた書類のチェックが終わり、日誌を開くと、流行りの芸人の付箋が貼ってありました。そこには「お疲れ様。」という言葉が。書類チェックはある意味、緊張の瞬間でもあるのですが、その付箋を見た途端、緊張が解け、「失敗しても更に学んでがんばろう」という気持ちになりました。

事例⑥	10年目

　私が５年目で初リーダーになった時、園長先生が初めて学年主任になった私を含む３名の教師に対してしてくださったことです。仕事後に私達を食事に連れていってくださいました。
　緊張がほぐれてきたところで、ゆったりとした雰囲気の中で「理想のリーダー像」についての話をしました。
　園長先生は、初リーダーの私達に対して、リーダーとしての意識を高めるために、今回のお食事会を「ホンマモン研修」と称し企画してくださり、緊張しないように面白いネーミングにもしてくださったのだと思います。
　私達は、非日常の時間を楽しみながらも、この日の最後には「これから頑張るぞ」といった気持ちになりました。また、今回のように園を離れてリラックスできる環境を用意してくださったことで、初リーダーという未知の世界に対する不安も少し軽減したように思います。初リーダー３人で力を合わせていこうと感じました。

《指導者自身が遊び心を表現する》

　仕事は真面目に真剣に取り組むものであることはもちろんですが、保育者は、遊び心を持って子ども達に寄り添うことが大切です。
　時には指導者自身が、意図的に被指導者に対して柔らかくリラックスした空気感を作ることも大切なサポート方法の１つだと思います。勿論、指導者も人間ですから、常に機嫌よくいられるわけではないことは大前

提です。指導者が遊び心を表現することで、人間関係の緊張がほどけ、信頼関係、親和性を増すことができ、保育者のモチベーションや、知識・技術習得意欲の向上に繋がっていく場合もあると思います。

　以下の事例⑨のように、「保育者に活気をもたらす素材」を見つけ、上手に活かすのも方法ではないでしょうか。

事例⑦　　　　　　　　　　　　　　　　　　　　　　　　　　5年目

　週明けの朝礼で、全体的に士気が下がっており、発言する声が小さかったり、誰かが話してもメモをとることに気をとられることでレスポンスが弱かったことがありました。

　その様子を見て、園長先生が急に、パイロットとCAのやり取りを収めたCDを流し始めました。その内容は、機長が話すたびに、「はい」と返事をするCA。機長を中心としたチームが毎日声出し確認をすることで意思の疎通を図っているといった内容でした。CDを聞き終えると「今日から、はいはいブームをおこしましょう！」と仰られその朝礼は終了しました。

　その後、士気が下がりそうになった時には「今日も1日はいはいブームでいきましょう」とお声掛けくださったり、きちんとレスポンスがある時には「はいはいブームでいいですねぇ」と欠かさず声を掛けてくださいました。

　初めは、意味がわからずも言われるがままに行っておりましたが、次第に、きちんと返事をすることの気持ちよさや朝の挨拶の気持ちよさを体感するようになっていきました。もしも、園長先生があの日の朝礼で直接的な言葉で挨拶や返事が出来ていないことを責められたり、「返事をしっかりしなさい」などと言われただけだったら、ここまで習慣付いてはいなかったと思います。「はいはいブーム」という言葉の面白さに楽しさを感じていました。

事例⑧　　　　　　　　　　　　　　　　　　　　　　　　　　3年目

　クラシックやポップス、CMソングなど、沢山の曲を聞きつつも曲選びが行き詰まった時のこと。学年主任が「もうこれにしない？」と冗談で、到底使用できそうにない（パラバルーンの動きには全くミスマッチな）アニメソング曲を流す。この曲は使用できないと瞬時に判断できたものの、そのことにより、折れ掛けていた気持ちを立て直すことができた。また、その曲事態は使えないが、アニメの曲も曲によっては答えになるかもしれないという新たな発想が生まれた。

事例⑨　　　　　　　　　　　　　　　　　　　　　　　　　　2年目

　スポーツデー当日の朝礼でのこと。

　皆緊張している面持ちで朝礼が行われ、いつもなら気合を入れ、一層緊張感が増すと思う場面で、主任が「皆さんに見せたいものがあります」と微笑みながらパソコンの画面を見せた。すると松岡修造さんの歌とダンスの映像が流れ、一同緊張の面持ちから一転笑い声が上がった。歌詞の内容があまりにもこれから行う

> ことに合致していること、当園にゆかりのある単語がたくさん出てきたこと、松岡修造さんのユーモラスな体の動きと歌詞の面白さに、愉快な気持ちになり、圧迫される緊張感から皆解放され、「よし、やるぞ！」と心から思える空気が流れた。

(4)　最後に

　子どもの保育についての戸惑い悩む保育者に対して、「どうしてあげたらこの人はもっと仕事が楽しくなるだろう」「どうしてあげたらもっと幼児教育・保育の楽しさや尊さを味わうことができるだろう」など、様々なサポート方法を考えて実行されていると思います。

　人と人が関わり合って生活や仕事をすれば、常に様々な出来事が起こります。私自身も試行錯誤を繰り返しながら日々のサポートを行っています。

　保育者の「子どもの保育についての戸惑い、悩みをどのようにサポートするか」は、現場の実務で言えば「保育者の成長の為に指導者が具体的にどのようなサポートを行うか」に他なりません。例えば、その保育者の1年先、3年先を具体的に想像してサポートする。一人一人の成長計画書を作成することもお勧めします。1学期毎、あるいは半年ごとに、振り返り、自分の指導は行き届いているのか、その保育者にとって、伸び伸びと成長することのできる環境を整えてあげているかをチェックします。重要なのは、指導者がその保育者に対して、こうなってほしい事項を並べるだけでなく、その保育者自身が掲げた目標も大切にすることです。

　経験の少ない保育者は、指導者が求めていることはどのようなことかを常に意識しています。指導者の「価値観」や「保育観」を観察し続けています。だからこそ、指導者自身がモデルであるということを肝に銘じ、自己研鑽に励んでいくことが重要です。こうした姿勢が保育者の「学ぶ習慣」の促進にも繋がり、結果として、チャレンジ精神旺盛で、プロとして専門性の高い保育者が育ってくれれば素晴らしいことです。

　近年、「幼稚園教育要領」、「幼保連携型認定こども園 教育・保育要領」、「保育所保育指針」が改訂されました。「幼児期の終わりまでに育ってほしい10の姿」も提示されるなど幼児期の教育に対する社会からの期待感は益々高まっています。

　私もまだまだ道半ばです。指導者側から手を差し伸べる姿勢を持って、目の前で戸惑い悩む保育者の心情を想像し、対応の仮説を立て、繰り返し修正を行いサポートしていく…。

　一緒に頑張っていきましょう。

2　保護者との関係づくりをどうサポートするか

(1)　はじめに

　この節では、若手保育者が保護者との関係性の中でどのような点で悩むのか、幼稚園に勤務する筆者が現場での具体例を交えてお話します。

　保護者は子どもの成長を願い、園に預けます。保育という営みは、子ども、保護者、保育者が三角形のようになって相互に支え合い、歯車がうまく回っていくことが理想です。

　しかし、お互い子どもの成長を願っているのにもかかわらず、行き違いや誤解が生まれ、思わぬトラブルに発展することがあります。担任の先生が実際に園長へ相談してきた出来事の中にはすぐに解決できないこともありました。しかし、園で起きている全てのことは最終的には設置者の問題であり、担任の先生は「窓口」であると割り切って対応することも、時には必要ではないかと思います。

　それでは、保育者が保護者と良い関係性を構築し、子どもが健やかに育っていくために、園長や管理職はどのような配慮や心構えが必要なのでしょうか。一緒に考えていきましょう。

(2)　登降園時のコミュニケーション

　子どもが登降園する時間は、保護者との交流を図る貴重な機会です。朝は明るい声で目を見て「○○さんおはようございます」などと挨拶ができているでしょうか。仕事をしている保護者であれば、出勤前に預けにくることも多いでしょうから、急いでいらっしゃる気持ちに寄り添いつつ、「いってらっしゃい」という気持ちで送り出してあげて頂きたいものです。

　この時、子どもの援助を行い「ながら」の挨拶になってしまうことも多いと思いますが、できれば少しでも動きを止め、保護者の目を見て心を通わせることを、意識して頂きたいと思います。

　降園時刻のお迎えでは、その日にあった出来事や遊びの中で見られた印象的な子どもの様子など中心に話します。ただし、他の保護者が後ろで待っていると、あまり自分の子どもの話ばかりしていては…と遠慮をする保護者も多いと思います。コロナ禍を経験し、対面で話すこと自体にもお互いが距離をとったりし、気を遣うようになりました。マスクも常にしていますから以前よりも保護者との意思疎通が難しい場面が増えました。

　保護者へうまく伝えられなかったことがあると感じたときは、積極的に電話を活用しましょう。「本当は直接お会いした際にお伝えしたかったのですが…」などと言いながら連絡をすれば、保護者は「わざわざ電話をしてくれて」と感謝してくれます。

　保護者にとって園に電話するということは、「先生は今忙しいのではないかしら？」と気遣ったりするため、意外にハードルが高いものです。日々の小さなコミュニケーションを細やかにとっていれば、小さなミスが起きても保護者は寛容に受け止めてくれます。

【若手保育者への指導、配慮のポイント】

・保護者に対して積極的に気持ちの良い挨拶を心掛ける。

・対面で伝えられないことは、積極的に電話を活用してコミュニケーションをとる。

・日々のコミュニケーションの積み重ねが保育者を助ける。

---

(3)　バス通園の保護者へのコミュニケーション

　地域によってはバスが主な登園手段である園も多いです。バス通園では、保護者はバスに添乗する職員以外とは話す機会がほとんどありません。担任の先生が添乗する場合があればまだ良いのですが、園で子どもが日中どんなことをして過ごしているのか、友達はいるのか、など保護者は聞いてみたいことがたくさんあるものです。

　仮に、バスから降りてきた子どもが疲れて泣いていたら、「今日は幼

稚園で一日泣いていたのかな」などと考え、心配は尽きません。

　一方で保育者からすると、子どもが順調に園生活を楽しんでいて、大きな問題がないと考えている場合は敢えて連絡をとらないことが多いと思います。実はここに大きなギャップが生まれることがあります。

【事例】

　Aくんは3歳児の男の子で、4月の入園当初から園ではよく遊んでいました。保育者は、男の子が順調に環境にも慣れて通ってくれていると思っていました。保護者も幼稚園に対して協力的で、子育てにも熱心なお母さんという印象でしたので、担任はあまり心配していなかったケースでした。

　入園から2週間と少し経ったある日、男の子Aくんのお母さんから連絡帳が届きました。

〔Aくん連絡帳〕
　「今日も何も遊ぶものがなくてつまらなかった、と息子が言っていました。」「毎日幼稚園にいっても遊ぶものがないと言っており、入園から2週間、一日何もせず寂しく過ごしているのではないかと心配になってしまいました。」

　これを見て2年目であった担任の保育者が慌てて園長に報告をしてきました。その時はすぐに担任の保育者からAくんのお母さんに電話をかけてもらい、園での生活の様子を丁寧に伝えてもらいました。Aくんは好きなおままごとの道具が使われていると、「遊ぶものがない」といって担任に相談しに来ること、保育者がAくんと一緒に「どうすればいいかな」と考え、時には他児におままごとの道具を貸してもらうように代弁する対応をとっていること、おままごと以外にも積み木で遊んだり、木の下でダンゴムシをとることが好きで、園生活を楽しんでいる様子を伝えました。

　その結果、お母さんがAくんにも話をしてみたところ、「確かに先生

の言う通りです」と、納得してくれたそうです。

　どうしてこのようにすれ違いが生まれてしまったのか、担任に話を聞くと、入園後2週間目の段階で、Aくんは言葉も出るし、良く遊んでいるという印象だったので、Aくんのお母さんには5月の連休明けに控えている個人面談で近況をお話ししようと思っていたことを話してくれました。

　4月の入園からまだ2週間程の頃ですから、2年目の担任の先生としては泣いている子どものケアが優先的に必要であったこと、トイレトレーニングが必要な子どものお世話などがあり、子どもたちの生活面を援助することがどうしても優先になってしまっていたこと、その結果、順調にみえる子どもの対応が後回しになっていたこと、を振り返っていました。

　このケースを受けて、特に初めて子どもを預けるバス通園の保護者と幼稚園との間に心理的な距離が生まれやすいことを問題として考えました。その結果、業務の集中しない平日3日間に、バス通園の子ども15名の保護者に定期的に近況を電話で連絡をすることを決めました。これまで園ではホームページに写真を掲載し、ポートフォリオも作成して、遊びの様子を目で見てわかる工夫も取り入れていました。

　しかし、個別の子どもの状況については、保護者が不安に感じていることを電話や連絡帳で訴えない限り、その問題に気づけない状況があったわけです。園からの定期的な連絡は、特にバスで園に来られない保護者にとって、心理的な距離を近づける有効な手段だと思います。

　最後に、一定時間以上の長時間に及ぶ電話は双方にとって良くありません。あらかじめ、最大10分〜15分程度と決めて、それでも終わらない場合は、後日改めて電話で話す約束をとりましょう。

【若手保育者への指導、配慮のポイント】
・園側から定期的に子どもの近況を電話などを使って丁寧に伝える。

・園だより、ホームページ、ポートフォリオなどによる情報発信で、園の状況を理解してもらう工夫をする。
・保護者が園の様子を理解できない背景について、若手保育者が理解できるように園全体でサポートする。

(4)　PTAやお手伝い係について

　最近ではPTAをなくす学校が現れてきているという話も聞きます。仕事の調整を済ませて学校に行っても、「こんなに人数が必要だったのかしら」と疑問に感じるという話も聞きます。学校におけるPTAの運営について、現代の実情に合わせて柔軟に変えていく議論が必要なことも確かです。

　幼稚園においてもPTAや後援会などと呼ばれる、保護者会が設置されているケースが多く、行事や運営を助けてもらっています。お遊戯会の衣装を作る、運動会のお手伝いの係をお願いするなど、実に幅広く保護者の有志の力をお借りしている園も多いのではないでしょうか。

　しかし、保護者のご協力を頂くことの本来の意義は、保育の実情を理解し支援してもらうことであると思います。

　最近では幼稚園でも共働きの保護者が増えており、平日の日中に仕事を休まなくてはいけないような役割を保護者の方に負わせるのは、無理があると感じます。一方で、コロナ禍でテレワークとなり会社へ出勤しなくなったことで、この機会に幼稚園や学校に貢献したい、という方もいらっしゃいます。

　保護者会や行事のお手伝い係等の目的は、先生の代わりの労働力としてみるわけではなく、園の保育に部分的に参与して頂くことで、保育のあり方に賛同し、理解してもらうことです。また、保護者の方から見た行事の印象や、こうしたらもっと保護者に伝わりやすいなどのアドバイスも受ける関係を作りましょう。このように友好な関係が構築できていると、PTAの方が園の運営の味方になってくださり、普段は園と距離

を感じている保護者の層にも働きかけてくれます。

　保護者会や園のお手伝いを引き受けて下さっている方には大いに感謝しつつ、「これまで続けてきたから」などの慣習で役目をお願いするのではなく、本当にお願いする必要があるのか今一度検討するべきです。保育者にとって、保育を応援し賛同してくださる保護者の存在が大きいことは言うまでもありません。保護者の協力を得ながら、若手の先生が育っていける環境を共に作っていきましょう。

【若手保育者への指導、配慮のポイント】
・園や保育者の仕事に賛同してもらえるために、活動のあり方、役割を問い直す。
・保護者が子どもを支えているという実感を持ってもらう。

(5)　懇談会

　1学期に1回程度、クラスの保護者を集めた懇談会を行う園が多いと思います。この時に、クラスの委員や役割決めなどを行うことも多く、保護者は役割が決まれば早く帰りたいと願い、少し緊張した面持ちで集まることが多いと思います。

　新人や若手の保育者は、このような雰囲気の中で保護者をリードしてお話をするわけですが、子育て経験のある母親という、保護者の集まりに委縮してしまうことがあります。

　しかし、以前4人のお子さんを卒園させたお母さんにお話を聞いたところ、子育て経験の豊富なお母さんの方が、幼稚園や保育所の先生を尊敬していることがわかりました。

　「どうしたら、あんなに小さな声で30人の子どもが言うことを聞くのかしら？私は1人でも怒鳴ってしまうのに（苦笑）」、「若いのにしっかりと専門知識があって、勉強されている」という意見も多くありました。保育の専門家である保育者は、子育ての経験が少ないことを心配することはありません。ただ、そうはいっても黙ったまま保護者が下を向いて

しまうような、懇談会の重苦しい雰囲気は困りますね。

・懇談会をゲームでリラックスした雰囲気に

　そこで、今回は保護者同士がお互いのことを話せるような雰囲気を作るためのゲームを紹介します。画用紙などを切ってカードをあらかじめ作っておき、伏せておきます。

　カードには例えばこのような質問が書いてあります。

「子どもの好きな食べものはなんですか」

「これまでに一番幸せと感じたことは何ですか」

「子どもと遊びにいった場所で思い出に残っているところは？」

　保護者は順番が来たらカードを1枚引き、お題に沿って答えながら自己紹介をします。クラスが30名くらいでしたら、3グループくらいに分けて実施してもよいでしょう。こうして無理のない範囲で自己開示をしながら、少しづつ笑いが起きてリラックスしてくると、係決めも比較的スムーズにいきます。

　そして、保育者養成校を出て就職したばかりの若手や新人の保育者は、保護者の皆さんよりも若いことが普通ですから、クラス運営を「応援」して頂けるような雰囲気が生まれると良いと思います。こうした簡単な小道具も使ったゲームを取り入れて、懇談会の「場」を和ませることが、保護者の緊張を解き、良好な関係を構築するポイントとなります。

┌─────────────────────────────────┐
【若手保育者への指導、配慮のポイント】

・ゲーム要素を取り入れリラックスしてもらい、運営をスムーズにする。

・保護者にクラス運営を応援してもらえる雰囲気を作る。
└─────────────────────────────────┘

(6)　行事や参観

　園での行事と聞いて、思い浮かべるのは何でしょうか。入園式、運動

会、遠足、お遊戯会、お泊り会、夕涼み会、お芋ほり、卒園式。それ以外にも七夕やお餅つきなど、幼稚園や保育所では四季の移ろいや伝統的な行事を大切にしている園が多く素晴らしいことです。

　この中で保護者の方が参加する行事としては、遠足や運動会、入園式、卒園式などが挙げられます。行事への保護者の参加の仕方や、決まりについては各園での取り決めに違いがあり、詳細には触れません。

　ここで1つ問題提起したいことは、「行事」には一種のプレゼンテーションの要素があって、保育者はできれば「子どもの成長したところを見せたい」と考えるということです。

　特に経験の浅い保育者は、保護者が子どもの成長を感じられるシーンを見せたいと思うあまり、過度な練習を繰り返してしまうことがあります。子どもがプレッシャーを感じないように若手保育者の周囲の人も注意をする必要があります。

　例えば運動会は記録を追及するオリンピックではないように、行事は普段の延長線上としての姿を通して保護者の方に喜んでいただくことが理想です。

　保育参観の場面でも、普段は先生のお手伝いもして、率先して片付けをするような年長組の女の子が、母親が来ると急に恥ずかしくなって体育座りをして泣いてしまうということがありました。母親に幼稚園での様子を見られるという「日常とは異なる」状況と、先生とどのように会話しているか、母親に見られることが恥ずかしいという気持ちから生まれたものでした。

　言い換えると「家庭での自己」と、幼稚園という他者もいる「社会の中での自己」の表現の仕方が異なることを、母親には知られたくなかったということです。幼児期後期には自分が周囲からどのように見られているか客観的に感じ取り、表す子どもが増えてきます。本来は家庭から離れ、社会の中で生活していくために園へ来ているのに、そこに母親が来るのは違和感があるというわけです。

　したがって、行事や参観では、保護者が見るという、子どもにとって

特別な環境であることを踏まえ、行き過ぎた指導がないように内容を十分検討するべきです。

　新人や若手の保育者は心配であるがゆえに「行事を早く完成させよう」と考えてしまいがちです。しかし、集中トレーニングをして特別なことができるようになることが目的ではなく、園での充実した遊びや活動の続きとしての行事であるということを、繰り返し若手保育者や保護者にも伝えていくことが重要です。

【事例】

　年少組の男の子の父親が、運動会が終わった後も、しばらく立ち尽くして考え込んでいました。

　「運動会を見に来たけど、かけっこもしなかったし、ダンスの時はずっと砂をいじっていた。一体何を見に来たのかわからない」

　落ち込むというよりも少し途方に暮れているようでした。1年目の担任の先生は「普段は頑張っていますよ」と伝えましたが運動会も終わったばかりで、忙しく片付けに追われていました。父親は浮かない顔で「この先幼稚園大丈夫かな」と肩を落としていました。

　筆者はこのとき、若い父親が立派な望遠レンズを付けたカメラとビデオカメラを持っていることに気づきました。もしかしたら初めての運動会のために購入したのかもしれません。母親は下の子どもの出産が近いとのことで、運動会には来ていませんでした。父親はおそらく仕事を休んで来てくれたのでしょう。

　私は担任に代わり、父親に声をかけました。今日見に来てくださったことにお礼を申し上げ、実は毎年この小学校の運動場に来ると踊らない子が少なくないこと、保護者と父方、母方の両方の祖父母が来ると観客が1,000人を超えてしまう、だから子どもは大勢の前で踊らないことがあり、それは幼稚園側の会場都合であり、運営の問題だということ、ただ、担任からもお話したように普段は園庭でも踊っているし、年長組の

踊りも参加し、他の子どもにも教えてあげていたこと、などを話しました。そこでようやく父親の表情が少し落ち着いたようでした。

父親としては、子どもが普段の幼稚園でも、今日のように何もしていないのでは、と心配しており、ショックでビデオも回せなかったそうです。

その後は、父親自身も小さいときに恥ずかしがりやだったこと、今日はビデオを頼まれていたのに良いシーンが取れなくて悔やんでいた、でもそれは大人の都合だったのだ、ということを話してくれました。

この時、私は幼稚園の運動会には、本当にいろいろな状況の方が都合をつけて集まってくれていること、そして初めて幼稚園の子どもの姿を見る人にとっては、今日の出来事が幼稚園の全てに見えてしまうという、実に当たり前のことに改めて気づかされたのでした。

少し事例のお話が長くなりましたが、これは行事で偶然出会った1人の保護者の心情に関する話です。園の行事には多数の保護者が一堂に集まるので、1人ずつ気持ちを伺うことはできません。しかし、だからこそ園長や管理職の先生は、保護者や子どもの目線に立って、行事で起こりうることを検討すること、普段幼稚園にいらっしゃらない方への細やかな配慮が必要なのではないでしょうか。

保護者が安心して行事や参観について理解をして下さり、見に来て下さることが、結果として、子どもや、若手の保育者が無理をせず、生き生きとした実践を行い、お返しすることに繋がっていくのです。

【若手保育者への指導、配慮のポイント】
・園行事の理念について、保育者、保護者双方への理解を促す。
・行事で起こりうる、子どもや保護者の状況について話し合い理解を
　深める。

(7) 個人面談

個人面談は、1年に2〜3回程度実施する園が多く、主に子どもの発

達や生活面の現状と、今後の見通しなどについて保護者と話し合います。園生活での遊びや活動にみられるその子どもの特徴や良いところを中心に話すことが通例です。若手の保育者はつい、この「場面では」、「あの場面では…」などとたくさん話してしまう傾向がありますが、会話のキャッチボールになるように、適宜質問を交え、保護者の言葉から気持ちを汲み取るようにしてください。

　保護者のお話が長く続くことが予想される場合は、若手の先生が途中でお話を止めることは難しいので、始めに「今日の面談は○分までです」、「今日お話ししきれなかったことは改めて電話でお話しますね」と伝えるように指示しておくとスムーズです。

　また、子どもの心身の発達に課題があることが保護者と共有できている場合は、現在の園での様子と最近できるようになったこと、家庭での様子などについて質問をして会話を進めましょう。療育センターなどと並行して通園している場合は家庭と園、療育センターとの情報を可能な範囲で共有することも大切です。

⑻　子どもの課題を初めて保護者に伝えるとき

　ア　保護者が子どもの課題に気づいていない場合
　イ　保護者が子どもの課題に気づいているが、受け入れたくないと感じられる場合
上記2つの場合が面談で細心の配慮が必要となります。

ア　保護者が子どもの課題に気づいていない場合
　面談で初めから子どもの課題について伝えるのではなく、家庭での様子を質問して、保護者が子どもに対してどのような受け止め方をしているか確認していきましょう。その上で、園で課題となっていることを具体的に伝えます。例えば、「クラス活動の場面で、全体に向けて1回伝えただけでは指示が通らず、個別にもう一度声をかけています」などと明確に伝えるようにします。

　ただし、保育者は心理職やドクターではありませんので、発達障害かどうかということに言及することはできません。あくまで、現状の園生活で個別に配慮が必要な事項があり、短期的にはその課題を乗り越えていくことが望ましいということを伝えます。その内容を伝えたときの保護者の反応から選択肢が生まれます。保護者が、「まだその程度なら育ちがゆっくりなだけで大丈夫」という受け止めであれば、その面談ではそれ以上踏み込まず、再度保育者側からの子どもの課題の伝え方を考えるようにします。

　また、もし発達に関して心配という話が出た場合は、園で定めている「特別支援教育コーディネーター」（主に園長）と保護者の方の協同で、今後の対応を検討していくという事を伝えましょう。その場ですぐに保育者が専門機関を紹介することはトラブルを招く可能性がありますので避けるように指導します。園内の役割を明確に分けており、個別の発達の課題について外部の専門機関へ連携する場合は、特別支援教育コーディネーターと相談して進めるということを徹底します。

イ　保護者が子どもの課題に気づいているが、受け入れたくないと感じられる場合

　保護者が子どもの発達について認識していながら、その話題に触れようとしない場合は、各種専門機関にはまだ繋がっていないことがほとんどです。この場合は、こちらから面談で踏み込んでも、うまくいかない可能性が高いでしょう。

　ただし、現状の園での様子について、個別に対応していることがあれば、その都度伝えるようにします。誰しも自分の子どもが健康に育ってほしいと願っていて、他の子どもと差があることは受け入れがたいものです。しかし、幼児は成長のスピードが速く、早期に専門機関で支援を受けることで生活していくためのスキルを獲得しやすく、行動の変容や発達が促されることが期待できるのです。

　園では「特別支援教育コーディネーター」が中心となって、発達上の

支援が必要と考えられる子どもや保護者の相談を受けて、外部機関に繋ぐ窓口となります。

　特に若手保育者が最も難しく感じるのが、発達に関するデリケートな話題をどのように保護者へ伝えるか、ということだと思います。子どもの状態によってはすぐにでも専門機関に繋いだ方が良い場合もあります。必ず園長や管理職が同席の上、情報共有をして進めていくようにしましょう。

　子どもや保護者の難しい問題は、担任だけでなく園全体でバックアップしていることを若手保育者に伝えることが必要です。

　このように、発達上の問題や、関連する保護者の相談にはきちんと役割を分けて対応していることを保護者、保育者どちらにも周知することが重要です。こうした取り組みをきちんと発信することは、若手保育者が安心して毎日の保育に取り組むことができ、また保護者と面談を通して相互理解できることに繋がります。

【若手保育者への指導、配慮のポイント】
・担任だけで対処するのでなく、園全体で対応すること。
・特別支援教育コーディネーターの役割を園内外へ周知する。
・保護者が子どもの状態を受け入れない場合は、時間をかけて慎重に対処する。

⑼　不安の強い保護者とどうかかわるか

　文部科学省のデータによれば平成26年時点で、就学する児童の数は減少傾向で1,019万人、対して特別な配慮の必要な児童の数は増加傾向にあり34万人となっています。【図1】

　子どもの人口自体は減少しているのに、配慮が必要な子どもが増える傾向は現在も継続しています。さらにコロナ禍で家族以外の人との接触が少ない子どもが増えてきています。子どもは周囲の環境や人と触れ合いながら日々成長していきますので、この影響がどのようにもたらされ

図1　　　　　　　　　　文部科学省　インクルーシブ教育システム構築事業　2014より抜粋

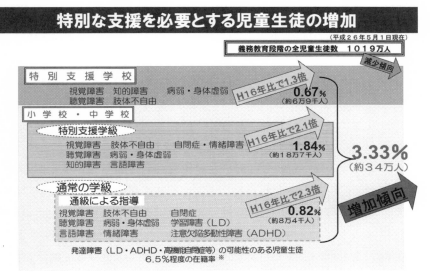

るのか、今後も子どもの変化について注目をしていかなくてはならない
と感じています。

　「不安の強い保護者」とは、子育てに関する不安、子どもの成長発達
に関する不安の主に2つの要素に分けて考えて参りたいと思います。

ア　子育てに関する不安

　核家族化で身近な家族や親せきで子育てに関する助言ができる人が少
ない人が多く、「孤育て（こそだて）」という言葉があるように、必要な
情報をスマホで探し、スキルを獲得していかなくてはならないという現
代社会の状況があります。

　幼稚園や保育所が提供できる保護者への支援としては、大きく次の3
つが挙げられます。

①心身をリフレッシュするための預かり保育を提供する

②地域の子育て支援拠点を紹介する

③保育者が子育ての悩みを聞く

　特に③保育者が子育ての悩みを聞くことで、かなりの不安が解消される場面を実際に多く見てきました。不安を抱えている保護者は日中に話し相手がいないことが多く、買い物以外で大人と接触する機会が限りなくゼロに近く、日中は子どもとしか会話をしないことが珍しくありません。

　保護者は、子育てそのものの悩みも抱えているのですが、自分の話を聞いてくれて「それは大変でしたね」「困ったらいつでも相談に乗ります」という共感に基づく「傾聴」の姿勢こそが、保護者のニーズであると感じます。

　十分に自分の思いや困りごとを受け止めてもらえると、多くの方はとても安心して戻っていかれるのです。2〜3歳児の間は、これまで保護者と一緒に過ごすことが当たり前であった子どもが、自分の手元から離れていくことについて、「ちゃんと親離れしてやっていけるのかしら」と心配します。むしろ、心配が強いということは、いつも愛情深く気にかけて育ててきたことの裏返しであると感じます。

　個人差はありますが、子どもは入園して1か月もすると園で昼食を取ることにも慣れていきます。園生活が半年、1年と経過するのに従って、子どもだけで出来ることが増えることに比例して、保護者の不安も解消されていきます。

　こうしたプロセスは保育の現場にいると毎年繰り返される営みであるので、保育者は自分の言葉で保護者に語りかけることができるようになっていきます。しかし、新人や若手保育者にとっては子育て経験も保育の経験も少ないわけですから、どのように対処して良いか難しいと感じることがあるのは当然です。大切なことは、子育てに悩む保護者から相談があったとき、若手保育者は「自分」に話をしに来たということを、真摯に受け止めて保護者の話に耳を傾けることであると思います。言葉を遮らずに傾聴し、時に「それはこういうことでしょうか？」と問い返したり、確認をすることで、保護者は十分に話を受け止めてもらっていることを実感します。このように自分の悩みや気持ちを誰かに話し聞いてもらうことを通して、自分自身の子どもへの接し方などを振り返るこ

とができ、やがて自分なりの答えを見つけて元気になっていきます。

【若手保育者への指導、配慮のポイント】
・保護者の話を傾聴し、不安を受け止めることが大切。
・子育て経験の有無にかかわらず、専門職である保育者に援助を求めていることを理解する。

イ　子どもの成長発達に関する不安

　以前卒園していった男児の保護者の中に、子ども自身は着実に成長をしているのにもかかわらず、他のお子さんと比較してわずかでも成長の遅さを感じる部分を強く心配されて「うちの子は障害児」と話す方がいました。母親の特徴としては、特に入園や進級などのたびに強い不安を持ち、幼稚園や学校に頻繁に相談に訪れるということでした。

　この時に担任であった若手の保育者は、当初は母親の話を聞き熱心に対応していましたが、ほどなく疲れが見えるようになりました。なぜならば、母親の相談に乗ってその場では何とか元気になって帰るのですが、次の日になると昨日までは感じなかった子どもの別の側面が気になり不安に思えて落ち込むという状態を、繰り返すようになってしまったからです。

　母親の精神的な要因も考えられましたので、園全体の問題として取り組むようにしました。母親が相談に来たときは必ず若手の保育者以外に、もう一人（基本的には園長か管理職）が同席して対応しました。進級、進学などのタイミングで新しい担任や、進学先の学校へ、これまでの母親の相談内容を時系列で共有するなどの措置をとりました。実際に子どもは定型よりやや身長が低いこと以外に特段の異常は認められませんでした。しかし、小学校でも偏食による給食に対する不安、足首が弱い不安に対して、ハイカットスニーカーで保護したいなどの申し出があり、丁寧に対応したところその後は偏食も、足首も全く心配がなく元気に通学しているとのことでした。

このように子ども自体は健康であっても強い不安を持つ母親に、子どもが健康で問題がないということを、繰り返し伝えてもあまり意味がありません。おそらく子どもは母親から、「障害や偏食がある」と言われ、自分でもそのように思い込んでいるのです。母親と一緒に過ごしている家庭では、偏食や足首に痛みを感じるのでしょう。しかし、母親から離れた幼稚園や学校では常に子どもらしい元気に遊ぶ姿が見られていました。

　子どもは母親のことが誰でも大好きです。一方で母親が子どもをかわいがるあまり、心配が強くなることがあります。子どもは母親の気持ちに敏感ですので、母親の前では心配する気持ちに応じてしまうのも無理からぬところであります。

　幼稚園では、「お子さんのことを不安に思うのは誰しもあることですよ」、「お子さんのことが好きだからこそ心配なんですね」と受け止め、相談に付き合い、不安を聞いて共有していくこと、子どもだけで自立して頑張っている姿を伝え、母親の不安を少しでも取り除いてあげるように援助を続けました。

　このように継続的な支援が必要なケースでは、担任の枠を超えて園全体で対応するということを、保護者にも保育者にもはっきりと伝えることです。人間が対象の「ヒューマン・サービス」である以上、すぐに解決しない問題は一定数存在します。

　若手保育者の皆さんにお伝えしたいことは、特に保護者との関係や、子どもとの関係の中で、すぐに答えが出ない難しい課題がこれから出てくることがありますが、すぐに解決しないからといって諦めて悲観しないでいただきたいのです。このようなケースでは誰が担当してもすぐに解決することは難しいはずです。今は見通しがつかなくても、そこに居続けて何とか事態を乗り切っていく力、「ネガティブ・ケイパビリティ」という概念が近年注目されています。若手保育者が問題に直面した時も、チームで対処するのだということ、常に園全体でバックアップしている態勢であるということを伝えることが、若手保育者が安心して仕事に専

念できる環境を保証することに繋がるのです。

【若手保育者への指導、配慮のポイント】
・子どもの発達について必要以上に強い不安を持つ保護者が、一定数存在する。
・繰り返し時間をかけて、保護者の不安に向き合うこと。
・担任や当事者だけでなく、園や学校、関係機関で連携し支援することの大切さ。

(参考文献)

1）大川一郎・濱口佳和・安藤智子（編）『生涯発達の中のカウンセリングⅠ──子どもと親と高齢者を支えるカウンセリング』サイエンス社、2015年
2）帚木蓬生『ネガティブ・ケイパビリティ──答えの出ない事態に耐える力』朝日新聞出版、2017年
3）文部科学省『インクルーシブ教育システム構築事業』2014（https://www.mext.go.jp/component/a_menu/other/detail/__icsFiles/afieldfile/2015/06/16/1358945_02.pdf）　最終アクセス2021年9月14日

3　クレーム、トラブルへの対応

(1)　はじめに

　教員や保育者に行った調査の多くで、保護者からのクレームやクレーム対応は、ストレス要因の上位に挙げられています。また、同種の調査で、離職や休職のきっかけとして、クレームへの対応を挙げる人も少なくありません。若手保育者であれば、なおのこと、保護者からのクレームは大きな負担になります。他のことにも増して、手厚いサポートを心がけることが必要です。

　保護者からのクレームには、耳を傾けるべき意見もあるでしょうが、到底受け入れることができない無理難題であることもあります。保護者からの無理な要求や苦情は、1990年代から徐々に増加し、2007年ごろには無理な要求を突きつける保護者を称して「モンスターペアレント」という言葉も生まれました。もっとも、モンスターという呼称は、要求や主張をしてくる保護者を敵対視することにつながり、適切な呼び方とは思えません。クレームは保護者だけの問題から生じるのではなく、教員や保育者の対応のまずさから起きていることがあるからです。誤った対応のために、最初は穏やかに要求を伝えていた保護者が、激しく非難や叱責をするように変わってしまうこともあります。子どもの怪我やけんかなどのトラブルがあったときは、対応によっては保護者との関係がこじれてしまうため、特に注意が必要でしょう。

　とはいえ、保護者からの要求やクレームが増加しているのは事実です。こうした事態を受けて、2007年ごろから2020年にかけての12 ～ 13年ほどの間に、多くの自治体やその教育委員会で、保護者からの過剰な苦情や不当な要求への対応マニュアルが作られました。これらのマニュアルはどれも大変すばらしいもので、保護者対応の原則、方法、注意点などがまとめられており、一読をお勧めします[1]。

　この節では、保護者対応のマニュアルで共通して述べられている方法

について、実際に対応する際の留意点を加えて説明します。クレーム対応は、経験豊富なベテラン保育者や管理職であっても、難しく骨の折れる課題です。クレーム対応の基本的な考え方を理解して、若手保育者をサポートする際や、管理職が自ら対応するときの参考にしてください。

⑵　「チーム」で関わる

　保護者からのクレーム対応には、「チーム」で関わることが最も大切なポイントです。

　保育者が最初に保護者からのクレームを一人で受けたとしても、その保育者がそのまま一人で対応するのではなく、保育所・幼稚園全体でサポートし、対応することが大切です。これは若手保育者に限らず、ベテラン保育者でも同じです。ベテランであるからといって、一人で対応することはお勧めしません。管理職が対応していて、他の先生方からのアドバイスなど必要ないように見えていても、所内・園内全体で共有し、サポートすることが望ましいでしょう。「チーム」のサポートが、クレーム対応している人の孤立を防ぎ、安心感を生むからです。

　保護者からの意見、要望、苦情は、どんな些細なことであっても、所や園全体で共有しましょうと伝えることから、クレーム対応は始まっています。若手保育者には、保護者からの意見は必ず所長、園長、管理職に伝えてほしいこと、クレームに発展しそうな場合はすぐに所・園全体でサポートする用意があることを、日ごろから伝えましょう。

　特に保育者のミスや行き違い、子どもの怪我やけんかなど、時にはトラブルのもとになりそうな保育者の失敗を報告することは、非常に気が引けることだということを十分に理解して、報告する人の心理的なハードルを下げるように働きかけることが大切です。

　「チーム」は、クレームを受けた保育者をサポートするだけに留まらず、様々な問題への対応力を高め、保育を行う力を引き出します。保育所・幼稚園全体が「チーム」として働く組織になっていれば、結果として、保護者からの過度な苦情や不当な要求にも、適切に対応できる「チーム」

として動けるのです。

⑶　クレーム対応に必要な「チーム」

　ここでいう「チーム」とは、目的や目標を共有し、方法や手段、考え方についても共通理解を持って、その都度情報を共有しながら進めることができる集団のことを言います。また、「チーム」内での立場や経験、知識によって、それぞれの役割を分担して進めることが重要です。

　保育の目的や目標を共有することは当然のことで、難しいことと思わないかもしれません。経験や知識によって、保育の方法や手段に違いが生じることがあっても、若手保育者やベテラン保育者、主任や園長など役割によって、お互いに分担しながら業務にあたることも、比較的たやすく行えることだと思います。

　しかし、保護者からの意見や要望、ましてクレームや苦情に対して、どのように対応するかについては、共通理解を持つことは難しい場合があります。初期対応から始まって、保護者のクレームにどこまで応え、どこからは応えられないこととして伝えるのか、それをどのように伝えるのかは、一概には言えない難しさがあるからです。

　「チーム」としての対応は、クレームの初期対応にはっきりと表れます。

　保護者からのクレームは、保育所・幼稚園側がその準備を整えていないときに、不意にもたらされます。送迎でのちょっとした会話や閉所時間寸前にかかってくる電話など、思いもかけないときにあるのが普通です。時間に追われていたり、他の仕事のことで頭がいっぱいになっていたりして、ついおざなりな対応をしてしまいがちですが、そんなときこそ、しっかりと対応して、関係がこじれるのを防ぐ必要があります。

　若手やベテランの区別なく、保育者であっても事務職員であっても、いつ、どこでも、保護者からのクレームに最初に対応する人が、できるかぎり同じように対応する。そのためには、保護者からの意見、苦情、要望などに対して、保育施設の教職員が、共通理解のもとに対応できるようになることが大切です。

(4)　クレーム対応の大変さ

　保護者からのクレームは、なぜ対応が難しく、大変なのでしょうか。クレームが単なる要求ではなく、感情を伴う行為だからです。対応する側からすれば、感情をぶつけられる体験です。否定的な感情、不信、不安、怒りなどをぶつけられることが大変なのです。怒りや叱責は心理的な圧迫となって、対応する側の安心・安全感を脅かします。すると、普段なら適切に対応できることでも対応できなくなり、対応したくないという回避、拒否の気持ちが大きくなってしまいます。

　考えてみれば、社会的な場面で人に感情をぶつける、ぶつけられることは、めったに起こらない事態でしょう。保育所、幼稚園、学校など福祉や教育機関にならば、感情をぶつけてもよいと保護者の多くが考えているとも思えません。例外はあるでしょうが、保護者への対応を考えるとき、保護者は感情をぶつけようとは最初から思っていない、と想定する方が望ましいのです。

　だとしたら、なぜ、保護者は感情をぶつけるようにクレームを訴えるのでしょうか。

　クレームとして表現されるときには、保護者がすでに保育施設の対応に、不信感を抱いているからです。対応への疑問や不安を抱いていることもあります。今までに表さなかった小さな疑問、不信が積み重なった結果、クレームという形をとったと考えるべきでしょう。

　そもそも、子どもを預けるとき、保護者はいくばくかの心配や不安を持っていることを忘れないようにしたいものです。普通は、そこで保育施設への信頼が勝り、安心して子どもを預けているものですが、保護者から見て、足りない点、うまくいっていない点、不満な点が積み重なると、心配や不安は容易に不信に変わってしまいます。

　クレームを訴える保護者は、適切に対応してもらえないのではないか、ないがしろにされるのではないか、訴えに向き合ってもらえないのではないか、と思っています。実際に、保護者の意見、要求、苦情にきちん

と対応してもらえない（と保護者が感じる）のであれば、不信は怒りに変わります。

(5)　感情を静める対応

　クレームを受けたときの最初の対応は、意見、要求、苦情などに丁寧に対応し、相手の感情を静めることが大切になります。クレームの内容に対応すると同時に、クレームに伴う感情にも対応するということです。話を遮らずに聴く、適切な謝罪を行う（何でもかんでも謝る、という対応とは違いますので、気をつけましょう）、事実を確認するなどの対応は、どれもクレームを訴えた人の感情を静めるために行うことでもあるのです。

　攻撃的な感情に対応するのは、大変難しいことです。怒りをぶつけられて、冷静に応対できるのは、どんなにベテランになっても困難だと心しておきましょう。そのためにも、一人で対応するのではなく、チームで関わり、保育所・幼稚園全体で対応することが日ごろからできていることが重要なのです。

　保護者の感情を静めてもらうには、その感情が受け止められたと感じてもらえることが必要です。受け止めるとは、その感情が生じた事態を、とりあえず相手の訴えに沿って、そう感じることは当然かもしれない、そう感じることはもっともだ、と理解することです。相手の気持ちを汲む、といってもいいかもしれません。

　感情は一つの表現なので、その表現を相手に受け止めてもらう、汲んでもらうことで、攻撃的な感情は収まっていきます。話を遮らずに聴くというのは、そこで話された内容を聴くと同時に、そこに表現された感情を汲むことにつながるため、重要だとされているのです。

　非難や怒りなど攻撃的な感情を向けられて、それを受け止めるなど、とてもできないように思うかもしれません。しかし、こうした感情に対応することなく、クレームへ対応することはできません。要は、感情をぶつけられた自分に焦点を当てるのではなく、感情を表している相手の

側に焦点を当てることです。「なぜ私がこんなことを言われなければならないのだ」という自分の気持ちはいったん置いておいて、「なぜこの方は、こうした気持ちになってしまったのだろうか」と考えることです。そこで置いておいた自分のやるせない気持ちは、チームの人たちに話して、そこで抱えてもらいましょう。

(6)　立場の違いを意識する

　次に必要なのは、保護者と保育者とでは、子どもを見る際の立場や視点が違うということを十分に意識しておくことです。保護者は自分の子ども一人を見ています。保育者は担当する大勢の子ども、保育所・幼稚園に通ってきている子どもたちの全体を見ています。保育に対する考え方も、細かい点を考えれば同じということはありません。生活習慣や遊び、活動、子ども同士の関係についても、こうしたい、こうしてほしいという考え方が、少しずつ異なっています。

　こうしたわずかな違いについて敏感になっておくことが、保護者からのクレームを減らすことに役立ちます。入所・入園の際に、保育所や幼稚園の方針や目標などを丁寧に説明しておくことも大切です。連絡帳でのやりとりだけではなく、お便りなどを通して、保育をどのように行っているか、子どもの生活がどんな様子かをお知らせすることも、こうした違いを埋めるのに役立っています。

　保護者からの要求を単なる要求ではなく、クレームとして対応せざるを得ない状況では、保護者と保育者との間で、意見や方針の激しい対立が起こってしまいます。保護者はどうしてもこうしてほしいと願う。対して、保育者はとてもできないと考える。こうした対立に、感情が伴って、対応するのが難しい、厄介な状況が生まれているのです。

　クレーム対応で最初に目指すのは、クレームを訴えている保護者の感情を静めることだと述べました。感情が静まれば、そこで初めて、双方の意見の違いをふまえて話し合える段階になります。このとき、意見の違いや対立を、よくないことだと考えないことが肝心です。その違いは、

立場の違いによるもので、完全には一致しないものだと考えておく方が、クレームに対応する上では、生産的な考え方なのです。むしろ、立場の違う保護者の考え方や見方を知ることで、よりよい保育を目指すことができると考えましょう。

　保護者の考え方や見方を知る・理解することは、それをすぐ行う、してほしいことをする、ということとは異なりますので注意してください。時には、それは所・園ではできない、と断ることが絶対に必要なこともあります。しかし、クレーム対応に限らず、保護者対応のすべてに言えることですが、できないことをできないと伝える際には、その伝え方と伝えるまでの過程が決定的に重要なので、最終的にできないと言うまでの過程に細心の注意を払うということです。

(7) 「合意の形成」を目指す

　意見の違いや対立があるとき、目指すのは「合意の形成」です。これは話し合いをする際に、常に心に留めておく目標になります。対立があるとき、できる／できない、する／しない、など、白黒つけるような解決に焦点を当てるのは得策ではありません。立場の違いをふまえて、お互いが納得できる解決に導くには、合意できる点がどこにあるかを、時間をかけて探ることが求められます。

　「合意の形成」には、様々な段階があります。まず、事実や状況の認識についての合意を考えます。何が起きたのか、どんなことがあったのか、保護者の話を聞いて、事実をどう理解しているかを確かめます。起きた出来事は一つであっても、それをどう聞いたか、どんな状況で体験したかで違ってしまうことがあるので注意しましょう。子どもが、家と保育所で、同じ出来事を異なった言い方で話すこともあります。

　事実や状況についての合意は、子どもの話すことがたとえ違っていても、家ではこう言った、保育所ではこう言ったという、お互いに知っている事実を確かめ合うことです。お互いに知っていること、知らないことを確認し合うことで、話し合いの土台づくりができます。

　事実や状況の認識が違っていることに気づかないまま、解決への話し合いが進むことは避けなければなりません。ですから、クレームの元になった出来事がある場合には、「まず、これについておうかがいます。これこれこういうことが起きていたということでよろしいでしょうか？」「園ではこういうことがありましたが、お子さんからはどのようにお話を聞いていますか？」などと、起きた出来事を確かめることを必ず行いましょう。

　保育所で起きた出来事について伝えるときに、状況があいまいで（その場を見ている保育者がいなかったなど）、いつ・どこで・だれが・何をしたか、はっきりと把握できていなかった場合は、その事実も含めて伝えます。この場合、状況の把握ができていなかったことが、事実になります。

　事実や状況について、お互いの認識を確認できたら、解決に至る「合意」を話し合う段階になります。クレームへの対応方針と具体的な対応策を提示して、それに対する「合意」を得る段階です。

　この段階でも、最初に行うことは、保護者が求めている対応策、解決策を十分に聞いておくことです。聞いた途端、それはとてもできない相談だ、と感じるかもしれませんが、まずは保護者がどうしてほしいのか、その解決策は何なのかを十分に聞きましょう。それを言葉で確認することも大切です。「お母さんは、このようにしてほしいと考えているのですね」と確認します。

　対応方針や対応策は、すぐに提示できないことの方が多いので、「保育所で対応を十分に検討して、お伝えしたいのですが」、「しっかりと園長と相談してから、あらためてお伝えしたいと思っています」と、回答の保留をすることがあります。それまでの話し合いで、しっかりと保護者の話を聞くことができていれば、訴えに対応してもらえるという保護者の安心を引き出すことができて、時間をおいて検討することに同意してもらえます。

　対応策や解決策の検討には、どうしても、新たに人と時間を割くこと

になりますから、保護者の期待する対応になるとは限りません。しかし、保護者が納得しない解決策を提示しても、話し合いは平行線をたどるばかりですから、どこかで保護者が「合意」に至る方法を示さなければなりません。

　考え方としては、保護者が求める要求、要望、主張を、細かく分けていって、ここまではできそうだ、ここはできない、と細分化すること、具体的で対応可能なことがらに落とし込むことを目指すことです。

　保護者の求める解決案は、幼稚園や保育所の現場での対応を想定した案ではないことが多いので、現場の実情を説明し、その点の「合意」も得ながら、保護者の要求や要望を検討していくことができれば、理想的な対応です。こうした話し合いが、クレームへの対応ではなく、保護者との協同という形になれば、これほどすばらしいことはありません。

　もっとも、どうしても「合意」が得られない、主張に固執して聞き入れてもらえない、という場合もあるかもしれません。中には、クレームのためのクレームをしているとしか思えない保護者がいることもあります。威嚇や脅し、暴力的な言動などをとられることもあります。そのときは、これ以上保育所として対応はできないことを伝え、しかるべき外部機関の協力を求めましょう。

　しかし、初めから必要以上に保護者のクレームを恐れることはありません。繰り返しますが、保護者がクレームを訴えるとき、そこには多かれ少なかれ不信や怒りなどの感情があります。こうした感情が怖く、対応が難しいと感じることは当然のことです。こうした感情は、必ずしも対応した個人である保育者や保育所に向けられたのではなく、状況全体に向けられたのだと考えて、一緒にその状況に対応しよう、と保護者の視点に立って見ることが大事です。ネガティブな感情を受け取る際には、「チーム」にそれを持ち帰って、自分一人で抱えることを避け、「チーム」に話を聞いてもらって、対応する人の安心感を育みましょう。

(8) 話を聞くこと

話を聞くことについて、いくつかの補足を述べておきます。

クレーム対応では、話をしっかり聞くことが大切であると、どのマニュアルでも書かれています。しかし、話を聞くことは意外に難しく、漫然と聞いているだけでは解決に向かう話し合いにならないので注意が必要です。むしろ、話を聞くことは、聞いた内容を確認し合うことだと考えるほうがよいでしょう。聞いて受け取ったことを伝えて、確認することまで行って、初めて話を聞いたと言えるのです。

話を聞いて確認するとき、内容（保護者の考え、意見、事実の認識）の確認と、感情（そのときの気持ち）の確認の両方を考えておくのが、聞き方のポイントになります。相手の感情を確認する作業は、一般に共感といわれていることと同じで、感情を確認する＝気持ちを汲むことにより、相手の感情を受け止める作業です。この作業は、話し手の感情を静めることにつながるため、話を聞くときには特に重要です。

相手が表している感情に応答しないで話を進めることは、できれば避けた方がいいでしょう。クレームのようにネガティブな感情をぶつけられると、その感情にただ反応して、身構えたり拒否をしたりしてしまい、気持ちを汲むという対応ができなくなることが多いので、注意しましょう。感情に応答しないまま話を聞くと、話し手の側に聞いてもらえたという実感が起こりません。

保護者の話には、事実や状況の描写（こういうことがあった）、それに対する理解や認識（対応が不十分で不満だ）、それに伴う感情（なぜ適切に対応できなかったのか、腹立たしい）、意見や要望（今後はこうしてほしい）が入り混じっています。ここに挙げたのは話の内容を分類した一例ですが、この内容が一度に話される場合もあれば、一つずつ話される場合もあります。話された内容は、一つずつ取り上げて応答することが望ましい聞き方になります。会話をキャッチボールに例えることがあります。キャッチボールの一球が、それぞれの内容です。これを一

球ごとに受け止めて、相手に投げ返すことを繰り返します。

　話が長く続くときには、いったん話を止めて、「メモを取らせていただきます」と言ってメモに書き記してもいいでしょう。一通り話を聞いた後、「今、お話しされたことを確認します。まず、これがありました。次に、このことをうかがいました。さらに、こういうことをうかがいました」という要領で応答します。

　話の内容を分けて聞くことは、内容を整理する目的もあります。もちろん、再三述べてきたように、内容を確認する意味もあります。中でも、感情に対しては、特にその気持ちを取り出して応答することが大きな目的です。

(9)　心理的感情に対する謝罪

　保護者がクレームを訴えている際に抱いた感情（心理的感情）に対しては、謝罪が必要です。保護者がそこで抱いた感情に対して、「そういう気持ちにさせてしまったことは申し訳ありません」と謝罪します[2]。

　話を聞いて確認する際、心理的感情に真っ先に応答することを心がけるだけで、クレームに伴う感情は収まっていきます。

　クレームの内容を、意見と感情とに分けて聞こうという姿勢でいることで、感情が表された瞬間に気づきやすくなり、対応することが容易になります。そして、ここが最も重要で難しいところですが、感情に対応するだけでもだめで、内容に対応するだけでもだめだ、というところです。話を聞きながら、この2つを織り交ぜて応答する必要があるのです。

　それでも、まずは保護者の考えや意見、要望を十分に聞き、何をしてほしいのかを確認し合うことが、クレーム対応の大半を占めると言っても過言ではありません。

　「謝ってもらっても、何もならない。どうしてくれるのか」と言われることがあります。これは、単に謝罪の言葉だけで対応して、考えや意見の確認を怠っていることからくる相手の反応です。「どうしてくれるのか」という詰問は、対応策を求めている訴えに聞こえますが、必ずし

も対応策や意見を提示しなければならないわけではありません。こちらの意見を述べる前に、話を聞いたこと、話の内容を確認して理解したことを伝えることで、十分に相手の話に応答していることになるのです。

　すぐに対応策や意見を求められた場合、自分一人だけでは応えることができないことを伝えて、保育所や幼稚園で話し合う必要があること、できる限り要望に応えたいために、むしろもっと詳しく、保護者の意見や要望を聞いて確かめたいことを伝えるのがよい対応になります。

　子どもたちとのやり取りや、同僚との話し合いの中で、日ごろから、意見と感情を分けて聞くことを心がけてみてください。保護者の話を聞く際に意見と感情を分ける聞き方を練習することができます。聞いた話の内容に一つずつ対応することで、相手がどのように変わっていくか、意見や考えをすり合わせていくことがどういうことかを実感できると思います。

　若手保育者に、保護者対応やクレーム対応でのアドバイスをするなら、聞き方について伝えることが最も大切でしょう。保護者の話を遮らずに十分に聞くこと、相手の話を確認すること、心理的感情には適切に謝罪を述べること。こうした聞き方は、クレーム対応に限らず、対人援助で人と接する際の基本的な聞き方ですから、よく理解して身につけたいスキルです。

⑽　事例を元に考える

　ここからは、事例を元にクレーム対応の研修を行うことを想定して、考え方、進め方を説明します。なお、ここに挙げた事例は架空のものです。クレームへの具体的な対応は事例ごとに異なりますが、対応の仕方や考え方には、いくつか共通する点があります。それを確認する意味でも研修を行うことは大切です。実際にクレームを受けて対応する際の参考にしてください。

【事例】

　A君はその保育所に０歳から通っていました。それまではベテラン保育士のクラスでしたが、３歳になって若手保育士が担任をする３歳児クラスになりました。４月、そのクラスにB君が入所してきました。A君は小学生の兄が２人いる３人兄弟の末っ子、B君は一人っ子です。

　B君は言葉で意思を伝えることが少なく、遊びの中で、手を出したり噛みつこうとしたりするそぶりを見せることがあり、担任保育士は注意して見守るようにしていました。

　おもちゃの取り合いをしている場面で、B君が初めてA君の腕に噛みついてしまいました。腕に歯形が残るほどでしたが、お迎えの際、応急処置や噛みつかれたときの状況を担任保育士がA君の保護者に説明し、理解してもらえたと感じていました。

　B君はA君と一緒に遊ぶことが多く、おもちゃの取り合いになると決まってB君がA君に手を出したり噛みつこうとしたりする様子を見せるので、担任保育士は自由遊びの時間には常に気をつけていました。

　B君の保護者へは、担任と主任とで保育所での様子を伝えるとともに、今までの育ちを振り返って、今後の保育について考えていきましょうと伝えていました。

　B君がA君に噛みつくことが何度か続いてしまい、A君の父親から電話がかかってきました。噛みついている子の保護者と話をしたいとの訴えでした。電話をとった主任から、その保育所では保護者の情報を別の保護者に伝えることできないことを伝え、その点は理解してもらったのですが、父親は、それではA君を別のクラスへと変えてほしい、今の担任では任せられないと強く訴えました。

　事例を使って研修するときには、対応の検討を行う前に、登場する人物の一人ひとりについて、その立場に立って、その人が体験したこと、考えたこと、感じたこと、してほしいことを検討します。

　複数の人たちが関わる事例であれば、それぞれの立場から考えてみま

す。まずは、子どもたちとその家族。Ａ君、Ａ君の母親、Ａ君の父親、Ｂ君、Ｂ君の母親、事例では登場していませんがＢ君の父親。同居している祖父母がいるなど、子どもと関わっている家族がいれば、その方についても考えます。次に、保育所で関わっている人たち。担任、主任、別のクラスの担任、他の保育士でＡ君、Ｂ君と関わっている人がいれば、その保育士がどのように見ているかを検討します。

　事例に関わる人たちの、それぞれの立場から、どう考えているかを検討することが大切です。このことは、話を聞く際に述べた、話の内容と感情の確認作業を行うことに当たります。実際の対応では、話し合いをしながら、それらの中身を聞き取って確認していくのですが、事例を検討する場合、時間をかけてそれらの内容をじっくり考えることができます。

　架空事例の検討では、あくまでも推測になりますが、そこに関わる人たちの考えや感情を想像しておくことは、対応に役立つことが多いので、積極的に推測するようにしましょう。相手の立場に立って話を聞く練習にもなります。推測なので、こうかもしれない、ああかもしれない、と想定するにとどめます。決めつけることなく想像を膨らませることが、実際に対応したときに、相手の話に合わせて対応する準備になるのです。

　事例で出てきた人たちが、起きた出来事をどう体験したか、それをどう考えたか、そこでどう感じたか、そのとき、どうしたい、どうしてほしいと思ったか、一つずつ考えていきます。あらかじめ、登場人物を記したシートに、考え、感情、意見、などの項目を挙げて、書き込めるようにして考えてもいいと思います。

　架空事例の検討では、資料に書かれた内容しか確かめることができないので、推測によるところが大きくなります。実際の事例であれば、保護者の発言や子どもたちの行動、保育者の観察など、事実を確認して、聞いていなかったところや確認の足りないところを参加者で共有します。

　一つずつ項目を検討していくと、確認できたことがらと、まだ確認で

きていないことがら、また、この項目は推測したことがらだ、という項目が明らかになってきます。そこから、もっと確かめたいことがらが浮かび上がってくれば、項目の検討は成功です。

　この事例では、B君の日ごろの保育所での様子を知りたい、確かめたいと思うのではないでしょうか。B君が保育所での生活をどう体験していて、A君との関わりをどう感じているか。噛みついてしまう場面について、B君がどう話していて、親や担任がそれについてどう関わったかも知りたいところでしょう。B君の状態は「言葉で意思を伝えることが少ない」と書かれているだけなので、B君の保育所での様子を想像してみて、B君の発達や行動面で気をつけること、噛みつき行動との関係について推測します。

　一般に、子どもの噛みつきは、1歳から2歳ごろ、意思がはっきりとしてきて、なおかつ、他の子どもたちとの関わりが多くなる時期に見られる行動です。おもちゃ、順番など、子どもたちが関わる場面で見られることが多いのですが、年齢が上がるにつれて徐々に減っていく行動でもあります。B君はA君や他のお友だちと関わりたいと思っていても、言葉でやり取りをすることが苦手で、手を出したり噛みついたりしているのではないか、と考えることができます。B君に何らかの発達の遅れを想定することもありえますが、「言葉で意思を伝えることが少ない」という事実だけでは、発達に遅れがあるとは判断できません。

　「担任がB君の行動を注意して見守っていた」と書かれていますが、所長や主任、他の保育士に、B君の様子がどこまで伝えられていたか知りたいところです。噛みつきは、保育士の目が届きにくい場面、例えば昼食をとる時間や、室内での自由遊びで多く見られるので、そうした場面での子どもたちや保育士の動きを振り返ることも必要でしょう。

　噛みつきやけんかなどのトラブルで、双方の保護者に伝えるか伝えないか、あるいは、どこまで伝えるかは、幼稚園や保育所で方針が異なるかもしれません。この事例のように、噛みついた子どもの保護者に、噛みつかれた保護者を知らせないという方針の保育所は多いでしょう。A

120

君の保護者はこの点については同意してもらえましたが、今後噛みつきが起こらないように十分に対応してほしいという訴えではなく、担任を変えてほしいという訴えになっています。

　途中で担任を変えたり、クラスを変えたりすることは難しいでしょう。ましてや学期が始まってすぐの時期であれば、なおさらできない要望だと思われます。

　しかし、まずは父親が訴えた、「担任を変えてほしい」という要求を十分に聞くことが必要です。それと同時に、訴えと共にある感情、気持ち、思いを十分に聞きましょう。十分に聞くというのは、その訴えに関係する様々な考えや気持ちを言葉にして確かめることです。関連する考えや気持ちとは、理由、経緯、期待する結果などです。

　しかし、これも直接的な言葉で聞くことが、その場の話し合いにふさわしくないことも多いので、問いかけて詳しく話してもらうときに、言葉の選び方には注意しましょう。まず、理由を聞きたい、なぜそう考えたのか知りたい、と思うことは多いでしょう。「どうして担任を変えてほしいと思われたのですか」と、直接聞くことも、場面によってはあるかもしれません。ただ、なぜという問いは、文脈によっては非難になることや、詰問になってしまうことがあるので、別の言い方で、理由を確かめることが有効なことは多いと思います。

　そのときは、なぜという理由に当たる部分を、こちらで推測して、それを聞いてみる問いかけを試してみてください。例えば、「担任を変えてほしいというお考えであることはわかりました。それは、今の担任の先生に任せることに、不安な気持ちがあるのでしょうか？」という問いかけです。

　同様に、経緯を尋ねるのであれば、「担任を変えてほしいということですが、そう思われるまでに、ご不満なことがありましたか？」、この事例で言えば、「注意するように心がけてきましたが、噛みつきがなくならなかったことで、今の担任には任せてはおけないと思われたのでしょうか？」という問いかけになります。

　期待する結果については、例えば「担任の先生が変わることで、噛み
つきがなくなるように、もっと配慮してもらえるとお考えなのでしょう
か？」という言い方です。

　相手の考えや気持ちを推測して尋ねるやり方なので、まったく違うこ
とを考えていたということもあり得ます。そのときは、訴えている方が
「そうじゃないんです」と訂正してくれるので、そこで話された理由、
経緯、期待する結果について、聞いたことを確かめて確認します。

　このように、訴えで挙げられた提案については、その関係するところ
を十分に言葉で確認し合うことが、丁寧に聞くことになるのです。

　この事例では、担任に対するフォローも大切です。担任は、B君の噛
みつきが起こらないように注意をしていたのに噛みつきが起きてしまっ
た、と自分を責めていることでしょう。注意を怠ったり、気が緩んでい
たりというミスがあったと反省しているかもしれません。しかし、クレー
ムにつながるトラブルは、多くの場合、一人のミスや責任で起こること
は少なく、幼稚園や保育所の環境や構造の問題も併せ持つことが多いの
で、一人の責任に帰することは避けた方が賢明です。担任ひとりの責任
にするのではないこと、反省すべき点があるにしても、クレームへの対
応は所・園全体で行うことを伝え、担任の心理的負担を軽くすることを
念頭に置いて、サポートすることが必要です。

　噛みつきが起きてしまったことへの謝罪を誠実に行うことは大前提で
す。その上で、担任も含めて、どのように対応するか、改善できる点は
どこにあるかを考えていきます。

　対応策を具体的に立てるときにも、順序としては、起きた出来事をしっ
かりと確認することから始めましょう。出来事の状況をできる限り、複
数の人たちが思い出して、確かめます。一人の保育士しか見ていなかっ
た、あるいは、誰も見ていないところで起きてしまったという場合も多
いでしょう。それが明らかになれば、環境や構造のことが大きな原因で
あることがわかります。対人援助では、一人の援助者、ここでは一人の
保育士の行動によって改善ができるような対策を立てることは、あまり

よい解決策にはなりません。個人の能力によってのみ、状況の改善する力を委ねることになるからです。

　ですから、ここでＡ君の父親が言うように担任を変えたとしても、その担任の責任で状況の改善を図った対策となってしまい、うまくいかないときには、その担任個人の責任になってしまいます。

　この事例では、活動の見直しや噛みつきが起こりやすい時間帯での複数での見守りなど、環境や構造を含めた対応策を考えることになるでしょう。これはどうしても、保育所や幼稚園の全体で考える対応になります。

　ここまで来て、ようやく、幼稚園や保育所で話し合った具体的な対応策を伝える段階になります。対応策を考えることは、できること／できないこと、保護者の要望から考えられることを細分化していくことだと述べました。対応策を伝える際にも、細かく具体的な内容を伝えるようにします。保護者の要望の中で、この部分はできますが、この部分はできないことになるので、今はこういう具体的な方法によって対応します、この方法では、この点が改善できると考えています、などと伝えます。

　この事例では具体的に、保護者の要望に応えることができないこと、ここでは担任を変えることができないことを伝えます。しかし、担任を変えてほしいという訴えに含まれる、意図やねらいについては、他の方法でできる限り応えたいことも、同時に伝えるのが良いでしょう。他の保育士による見守りや関わりについて、改善策を伝えることになります。噛みつきが起こらないように、この点を改善していきます、と伝える段階で、それまでに保護者の考えや気持ちを十分に聞き取っていれば、そこで「合意」が得られるように変わっていくのではないでしょうか。

　Ｂ君の保護者への関わりは、Ａ君の保護者に伝えるべきことがらではありませんが、Ｂ君の様子、Ｂ君の保護者がどう考えているかを、Ａ君の保護者が知りたいと思うかもしれません。そもそも、誰に噛みついたか、誰に噛みつかれたかを伝えるかどうか、個人を特定して伝えるか否かという問題があります。

　こうした場合でも、それぞれの保護者がどのように考え、そこでどう感じているかを尊重しながら、保育所の方針や対応を伝えつつ進めることになります。

　B君の保護者には、「今後の保育について考えていきましょう」と伝えたと記されています。噛みつき行動だけにとどまらず、保育所での生活について、改善点を話し合っているでしょう。名前を出さないとしても、A君の保護者に、話し合った内容をどのように共有するかも確認しておきたい点です。保育所の対応については詳しく伝えるが、個人を特定できるような特徴については伝えない、という進め方が基本です。

　B君の保護者から、A君の保護者に謝罪したいと申し出ることもあるかもしれません。しかし、けんかやトラブルがあったとき、保護者同士で話し合うことはお勧めしません。すでに顔見知りで、やり取りしている場合は別ですが、保育所が間に入って対応することから考えます。どうしても相手の保護者に会って謝りたい、と話されたときには、そうした機会をも設けることもあるでしょう。これも今まで述べてきたように、保護者の考えや感情を十分に聞いてから、対応を検討していくようにしてください。

　いずれにしても、クレーム対応を複数の人で考え、対応策のアイデアを出すこと、話し合いの場を設けて直接対応に当たる人の支えになること、これが最も肝心なことです。繰り返しますが、クレーム対応では、そこで生じた感情をいかに静めるかが大事です。これは、訴えた保護者だけでなく、関わる人たちすべてに言えることです。若手保育者のサポートだけではなく、日ごろからちょっとした情報交換や気づきを共有し合い、保育所や幼稚園のメンバーが「チーム」として機能するように取り組んでいきましょう。

注
⑴　対応のマニュアルをいくつか挙げておきます。
　　・東京都教育委員会.『学校問題解決のための手引き～保護者との
　　　対話を活かすために～』2010年
　　・広島県教育委員会事務局教育部学校経営支援課.『保護者、地域
　　　と学校の協力のために【保護者等対応事例集】』2013年
　　・岡山県教育庁指導課.『「学校に対する苦情・不当な要求への対応」
　　　について』2009年
⑵　東京都教育委員会.『学校問題解決のための手引き～保護者との対
　　話を活かすために～から「学校が行う保護者等へのよりよい対応」』
　　13頁、2010年

（参考文献）
1）石山陽子・坂口守男.（2009）「教員の職場内メンタルヘルスに関す
　　る報告⑴　離職・病気休職者からの聞きとり調査をもとに」『大阪
　　教育大学紀要』第3部門（自然科学・応用科学）、57⑵、59-68頁、
　　2009年
2）大桃伸一・熊谷祐子「幼稚園での保護者への対応に関する事例研究」
　　『人間生活学研究』1、45-52頁、2010年
3）垣内国光・東社協保育士会編著『保育者の現在』ミネルヴァ書房、
　　2007年
4）笠原正洋「保育所保育士を対象にしたクレーム対応に関する調査」
　　『中村学園大学・中村学園大学短期大学部研究紀要』⑷⑸、9-17頁、
　　2013年
5）西川由紀子「保育園における『かみつき』と保育制度の変化との関
　　連　―21年間の保育実践報告の分析から」『心理科学』38⑵、20-50頁、
　　2017年
6）宮下敏恵「保育士におけるバーンアウト傾向に及ぼす要因の検討」
　　『上越教育大学研究紀要』29、177-186頁、2010年

7）文部科学省「教職員のメンタルヘルス対策について」2013年

8）松村朋子「保育者のストレスに関する文献レビュー」『大阪総合保育大学紀要』⑽、203-214頁、2016年

9）森本美佐・林悠子・東村知子「新人保育者の早期離職に関する実態調査」『紀要』44、101-109頁、2013年

10）藤岡佐紀子・八木義雄「保育所児におけるかみつきの研究」『日本保健福祉学会誌』1⑴、57-66頁、1994年

4 職場の人間関係づくりをどうサポートするか

(1) 保育者の採用難と育成の難しさ

　2020年代に入り、あらゆる業種において若い働き手が不足しています。特に保育や教育などの「ヒューマン・サービス」に該当する業種の人手不足は顕著であり、就職フェアで一日ブースを出して来場者がゼロだったということも、もはや決して珍しい話ではありません。現在の「採用の氷河期」ともいえる厳しい状況の中で、ようやく入職してきた新人を大切に、一人前の保育者へ育てていきたいと願います。

　さて、突然ですが皆さんが初めて保育の職場に着任した日のことを、覚えていらっしゃいますか。大きな不安と期待の入り混じったその日のことを、誰しも生涯忘れることはできないでしょう。先輩の指導に緊張しながら、懸命に仕事を覚えようとしていたはずです。そして、いよいよ子どもたちが登園して来ると、どこで何をすればよいのかわからず戸惑いを覚えたことでしょう。そんなかつて新人であった私たちにも子ども達は「遊ぼう」と声をかけてくれました。新人時代は皆不安になり、迷い、悩むわけですが、見方を変えれば、こうした一見ネガティブな感情や心理の状態は、成長のために必ず通るプロセスであるともいえます。

(2) 新人に仕事を任せる

　ただし、あまりにも不安や悩みが強すぎると、本人にも、周りの大人にも、そして子どもにとって良くありません。悩んで相談してくれれば良いですが、「辞める勇気と行動力を持っている」のが現在の新人です。就職口はいくらでもあり、年度途中での退職も十分にあり得ると考えなくてはいけません。こうした背景も考えると、まずは仕事の中でのやりがい、面白さを感じてもらうことが必要だと考えます。

　そこで新人の保育者には1つの持ち場を任せてしまうことを提案します。「この製作テーブルと周りの子どもを見てください」、「大縄跳びを

回すのをお願いします」など、担当する場所や役割を限定して任せてしまうのです。保育を志し入職してきた新人保育者に、子どもとしっかりとかかわる時間を保証しましょう。子どもと心を通わせることから始め、実習の続きとして、少しずつ他の業務にも慣れていけばよい、そんな心構えで育成していきましょう。

　「持ち場」を任せるといっても、子どもの遊びの状態は刻々と変化しますので、急に人数が増えたり、難しい状況が発生したときは、すぐに援助できる状態で先輩が目を配るようにしましょう。

　人間は任されることで、周囲からの期待や信頼を感じます。経験が少なくても「今日はまずここを頑張ってみよう」と見通しもつきます。

　新人が1つの持ち場に集中することでの一番のメリットは、子どもがどのようにその遊びを楽しんでいるのか、これまで学んできた学問知と、実践の中の知識を結びつけることができる点です。

写真1　年少組のどろ遊びと保育者

　しかし、「これでは実習生と何が違うの？」という質問もありそうですが、新人保育者のデビューは、「実習生＋α」として始めてもらうのが良いと思います。先輩がもう少し任せられそう、と感じた段階で徐々に仕事の範囲を広げ、レベルアップを目指すくらいが無理がありません。新人保育者も慣れて余裕が出てくると、受け持ち以外の場所や人にも自然と目が向くようになります。

　このように先輩と共に仕事をする中で、着実にステップを踏み、自信をつけてもらうことが、新人保育者が挫折せずに育つ実地研修であると言えます。

(3)　新人保育者の悩み

　保育の現場でよく耳にする言葉の1つに「あの先生は動ける」という言葉があります。これはどういうことかというと、周囲の状況にも気を付けていて、指示をされなくても自ら気付いて行動できる保育者のことを、現場の目線で「動ける」という評価をしているようです。したがって、経験の浅い新人保育者はいつも「自分の保育をみられている＝評価されている」と感じているのではないでしょうか。

　保育や学校教育の世界では、「習うより慣れろ」のOJT（On the Job Training）による指導が中心ですので、保育者養成校の授業で得た知識や、実習での経験を活かしながら、日々の実践で保育を体得していきます。知識として知っていることと、実際にできることとは異なりますので、保育者として成長するために最初にぶつかる大きな壁になるのです。

　さらに、複数のタスクを同時進行で行う保育業務の特殊性、つまり同じ空間にいるたくさんの子どもの状況を同時に見ながら、遊びが充実しているか、トラブルがないかなど、即時に判断し援助を行うことは、仕事の中で身に着けていく専門性です。したがって、保育の専門家であるプロとして遂行する能力は、就職してすぐに備わるわけではありません。特に幼児の特徴として、大人がどのような状況かということに構わず、話しかけてくるということが挙げられます。子どもにとって、保育者が

新人かベテランかということは関係ありません。次々と異なる話をして
くる子どもや、時には子どもと関わりながら、やむを得ず事務的な業務
をせざるを得ない場面もあります。こうした状況が入職直後の新人保育
者にとって、大きな心理的負担となることは間違いありません。

⑷　省察的実践家としての保育者

　前述のとおり、保育の実践は複雑で多様な状況が同時に進行していま
す。刻々と変化する子どもやクラスの状況をその場で判断しながら、保
育者は実践を続けていかなくてはなりません。

　つまり、保育は「行為しながら考え、考えながら修正していく」とい
う瞬時の判断が連続して求められる知的な営みなのです。このような自
分の行為の仕方や方略について絶えず考え、修正していく専門家を、ド
ナルド・ショーンは「省察的実践家」と定義しています。

　「省察的実践家」としての保育者とは、具体的にどのような保育者で
しょうか。例えば、目の前で子どもが泣いていた場合、共に寄り添いな
がら、同時にこれまで子どもがどのように遊んでいたのか、これからど
うしたいのかを推察し、言葉だけでなく表情なども読み取って、様々な
可能性を同時に検討した上で臨機応変な対応ができる保育者です。

　【図2】は、保育者が、室内で活動する場面を表しています。保育の
活動は、様々な状況が同時に発生する、複雑な状況に身を置いているこ
とがわかります。保育者は、これから行う活動の内容を、全員に向かっ
て話しています。しかし、予期せず割り込んで話す子どもがいたり、突
発的に前に出てくる子どもも現れます。このような状況の中で、子ども
の表情や、活動の直前まで展開されていた遊びの状況などと関連付けて、
臨機応変な対応をとれる保育者が、「省察的実践家」と言えます。

　静止している【図2】を見ても、保育という営みが、複雑で様々な要
素が折り重なっていることがわかります。保育者とは常に即時の判断が
求められ続ける存在なのです。

　しかし、新人保育者は目の前の1つの出来事を誠実に対応するだけで

図2　保育実践における「行為の中の省察」（亀井2019）

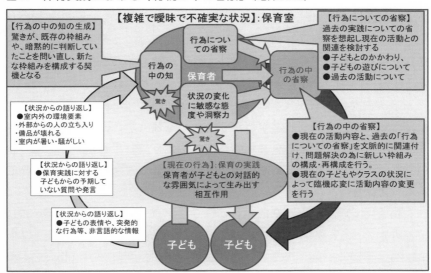

も精いっぱいですから、判断に迷う場面が連続すれば、先輩と自分の力の差を感じ、悩みが深くなると「保育の仕事に向いていないのではないか」などと悩むこともあります。

(5)　実践の振り返り

　保育の直後には、まだ子どもと過ごした感覚が体感の中にエネルギーとして残っています。そして実践と同じくらい大切なのが、保育の中で出会った印象深い出来事や気付きを、振り返りとして短い文章にまとめることです。子どもと共に過ごし、保育時間中の力動的で実践の最中に巻き込まれていたときの体験を、保育後に落ち着いて分析することが大切なのです。さらに、保育の中で自分が感じたこと、気付いたことを先輩と共有することで、お互いの見方の共通性や違いに気づき、関係性もよりスムーズになります。翌日以降の実践を豊かなイメージをもって行うために、欠かせないステップです。

　実は、新人や若手の保育者は、実践自体は未熟であっても、振り返りを書いてもらうと驚くほど適格な捉え方をしていることが多いものです。新人は先輩と対面して話すと緊張し、こんなことを言ってもよいのかなど遠慮しがちです。しかし、落ち着いた環境で言語化をすると、思考も整理されて、相手に伝えやすいという良さがあります。

　先輩は新人の振り返りを読むと、新人がどのような視点で保育に取り組んでいたか、ということがわかります。先輩は新人の感想を聞きながら、なるべく良いところを具体的に認めるように話しましょう。こうして欲しいという「願い」は、今後もう少し慣れた段階で話すので十分であると思います。

　この協働での振り返りを継続していくと、やがて実践の中で「あの時、子どもが言っていたことの意味はこういうことだったんだ」とか、「以前は突然子どもが発した言葉にどうしていいかわからなかったけど、今日は自然に応答できたな」と感じることがあります。

　それは、実践と振り返りを重ねていった結果、保育の状況の中で起きていることを瞬時に的確に捉えられる力、「省察的実践力」が大きくなったことを表しています。こうして何度も実践と省察（振り返り）を繰り返していくことで、やがて【図3】のように、より大きな循環した過程を経て、日々の事例から得た経験は、やがて普遍化された知識となっていきます。

　この普遍化された知識は、実践と省察の中で磨かれてきたもので、いつでも取り出して即興的に応用できるのです。こうして保育者の即興性や臨機応変な判断力は生まれ、保育の現場での実践力として、螺旋状に生成されていくのです。

⑹　1日15分の振り返り

　「毎日自分の実践を分析する」というと難しいと思われるかもしれませんが、1日に15分で良いので、その日の保育の中で印象に残ったことを書き留めて、話す時間を作りましょう。一度文字に起こしたその日の

図3　実践と省察のより大きな循環過程（吉村ら1996,113より　一部改変）

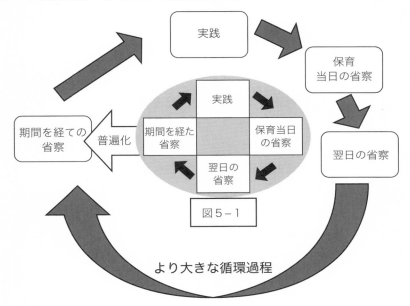

気付きは、時間が経ってから見返すと、少し冷静に、客観的な視点で見直すこともできます。

　また、新人にとっては、自分の見ていた同じ実践場面について、先輩がどう感じていたのか知ることで、とても大きな気付きが生まれるきっかけとなります。保育の実践が終わった後の落ち着いた状況で新人と先輩が話すことの意義は、お互いの「気付きに気付き合う」ことです。子どもの行為に素直に驚いたり、言葉や発想の面白さを味わうことは保育の醍醐味です。

　このように若手保育者が実践の面白さを再確認することは、次の保育への栄養となります。毎日の忙しい業務の中でこうした時間を確保することは、園長や幹部の保育者の大切な役目であるといえます。

　「仕事」としての人間関係は、ときに難しいこともあります。しかし、面白かった子どもの遊びは話していても尽きないですし、配慮の必要な

子どものことでたくさん意見を出し合うことも必要です。先輩も新人も、保育の魅力に惹かれて集まってきた仲間であり同僚です。15分あれば、自分の思いを話してアドバイスをもらうこと、意見を言うこともできます。日中の保育は子どもとの関わりが濃密ですから、是非日々のコンパクトな「保育の振り返り」で大人同士の思いを話す時間を作って頂きたいと思います。新人と先輩が協働で学び続けることは、お互いが高いモチベーションをもって保育を行う原動力となっていきます。保育者を目指してきた新人はみな勉強熱心ですから、毎日の小さな成功体験、スモール・ステップがあると前向きに頑張ろうと思えます。

　来週の予定、週案を組むときなどには、学年で話し合う時間もあると思います。是非若手の保育者から発言してもらうようにしましょう。ベテランの保育者も「私もそんなことあったな」と受け止めれば、和やかな雰囲気の中で共に高め合うことができます。新人も同じ方向を目指す素敵な保育集団の仲間入りをして、頑張っていこうという思いを新たにすることでしょう。

(7)　専門家としての成長

　子どもを専門的に見る立場の職業人としての資質・能力とは、子どもの健康や安全を守ること、安定した情緒のもとで、様々な遊びや活動を通して総合的な学びを得られるように援助をするための知識と実践力です。したがって、その力量が不十分な新人の間は、専ら先輩の近くにいて実践を直接指導してもらうことや、先輩の所作を模倣して技術を取り込んでいくことが必要です。

　他の業種の専門家の実践においても、初めから「本番」の舞台を任されることはありますが、仮にうまくいかなくても先輩がカバーできる領域を見極めながら範囲を広げていきます。

　例えば、神社や仏閣を施工する宮大工は、入門当初、師匠のかんなで木材を削ったときに出る「かんなくず」を拾うところから始めるのです。いきなり道具で削るようなことはせず、掃除を丁寧にして、作業場の空

気を肌で感じ、道具の位置などを覚えます。新人は師匠の削る姿を見て、かんなくずの厚みや手触りから、その日の湿気や気温、木材の硬さなどを感じ取ります。そして、道具の持ち方、力の入れ具合などを状況に合わせて柔軟に変えていく「わざ」を学んでいくのです。

⑻　協働による実践の中での学び

　保育の実践も、教えられて身につくというよりも、優れた先輩保育者の実践を見て学び、子どもの中で自ら実践し、気付きを得て成長していきます。「わざ」というと職人のイメージですが、専門家として熟達していく過程で身体的な知を獲得する部分は共通するところも多いのです。
【事例】
　先輩と一緒に新人が同じ保育室で「お花の絵」の描画の実践を行いました。保育が終わり、子どもが帰った後の振り返りの中でこんなエピソードがありました。
　・新人
「今日は絵を描く活動の前に、子ども達がいつもより早く遊びから戻ってきて驚きました。活動の前まで外で虫取りをしていたＡくんに、「時計の長い針が「9」（45分）になったからお片付けだよと話したら、『まだ虫網をしまいたくない』、と言って戻ってこなかったんです。でも、私が困っていたらいつのまにかＡくんはお部屋にいて…」
　・先輩
「実はね、私も絵の活動が始まる前にＡくんに会って、『今日は絵の具とクレヨンでお花の絵を描くお楽しみがあるよ』って伝えたら、Ａくんは『じゃあお花に飛んでくる虫を描きたい！』と言ってきたの。それでいっしょにお部屋でやってみようと誘ったんだ」

　新人は、園庭でＡくんに声をかけましたが、保育室に戻ってこなかったことを自らの「困りごと」として捉えていました。しかし、先輩がこれから始まる活動の内容を「子どものお楽しみ」として工夫して伝え、

写真2　年中組 お花の絵

Aくんの気持ちも受け止めながら、自然と「やってみたい」と思える、子どもの気持ちに寄り添った柔軟な声のかけ方を振り返りの中で学んだのです。

　このように、同じ「場」で行われている実践の中で、新人は、普段先輩がしている何気ない行為や会話の中に「わざ」があることを共感的に学ぶのです。同時に先輩も、新人の言った一言から、その背景にある困っている状況や、子どもと新人との間で起きたことを瞬時に汲みとり、【図4】のように自らの幅の広い「省察的実践力」によって臨機応変な対応をすることができるのです。

　新人は先輩の優れた実践を目の当たりにすると「自分もあんな風になってみたい」と憧れをもって近づこうと努力します。先輩から言葉で直接指導されるよりも、新人が自分から学ぼうとする、協働による営みが「見て学ぶ」良さであると考えます。

図4 協働する保育者によって螺旋状に高め合う省察的実践力

（生田（2011）13より改変）

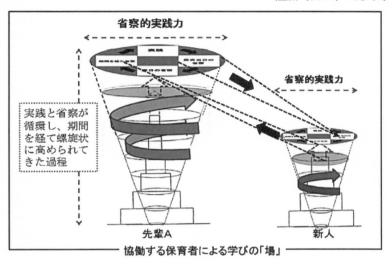

(9) 交換保育

　このように、優れた先輩の実践を同じ「場」にいて共に体験できることが、新人の成長を促します。さらに、他のクラスに行くと、保育室の環境設定一つとっても、発見があり、これまで当たり前だと思って疑問に感じなかったこと自体を問い直すきっかけになります。「交換保育」を実践することは、若手を育てる上で視野を広げる有効な手段であると思います。

　子どもへの話し方、注意の引き方など、優れた保育者の実践は、決して大きな声を出さなくても、子どもが実に興味深そうに話を聞くものです。一体そこにはどのような工夫があるのでしょうか。特に子どもたちを集めて説明（導入）をする場面は、その保育者らしさ、特徴が現れますので是非参考にしていただきたいと思います。

　普段チームを組んで保育を行う園であれば、新人同士で交代して別の

先輩の実践に参加させてもらう機会を作るとよいでしょう。１年目から一人で担任を持つ場合もあると思いますが、その場合は、経験が豊富な保育者に一日一緒に保育に入ってもらい、新人は観察や補助業務を行うなどの方法がとれるとよいと思います。

　交換保育の中では、自分だったらどのように声をかけるか、先輩との違いはどのような点であるのか、肌で感じることができます。また、新人が先輩のいいところを取り入れようとする姿勢は、必ず先輩に伝わりますので、お互いの関係性もよくなります。はじめは先輩の「見様見真似」で始め、そっくり形を真似していてるつもりでも、慣れてくるといつの間にか自分らしいスタイルが出来上がっていきます。こうして自ら実践の中で獲得した気づきや「わざ」は、しっかりと定着しメッキのようにはがれることはありません。交換保育でいろいろな保育者の「良さ」を学ぶことは、若手保育者の資質向上に大きな効果があるといえるでしょう。

⑽　若手保育者の相談役を作る

　新年度がスタートし一度クラスを受け持つと、１年間は決まった保育者同士の人間関係が中心となります。狭い保育室での人間関係ですから、当事者同士がうまくいかなくなると、業務でわからないことも聞きづらくなります。しかし、固定的な人間関係はどうしても行き詰まることがあります。

　そこで、普段共に仕事をするクラスの保育者とは別に若手保育者の教育・相談を担当する保育者を別に配置していただくことを勧めます。

　具体的には入職３年目くらいから10年目前後までの中堅世代の保育者が相談しやすく、業務にも精通していて適任です。ただし、必ずしも年数だけにとらわれず、面倒見が良く人柄の良い保育者に任せてもよいと思います。相談を受ける先輩も後輩から頼られることは悪い気持ちはしないものです。

　相談役の保育者に注意していただきたいことは、あくまで仕事に対して建設的なアドバイスを中心にするように心がけることです。若手保育

者の悩みを聞いていくうちに、同僚の先輩の批判が出てくるかもしれません。多少、愚痴を聞く程度の「ガス抜き」なら良いのですが、相談役の保育者が板挟みになってしまうこともあります。困ったときに手を差し伸べてくれるチャンネルがもう一つあり、園に居場所があると思えることが若手保育者が園にしっかりと根を下ろして成長していく基盤となります。園長先生をはじめ、新人の保育者に皆で声をかけて半年、1年、2年と、園全体で大きな根を育てていっていただきたいと思います。

⑾ 園内研修

　園内の研修は、保育者が日常の保育で記録した事例を持ち寄って話し合う事例検討方式による研修や、造形、音楽表現、自然など、皆で学びたいテーマを決めて体験する研修などがあります。

　事例検討方式による研修は、普段の子どもとの遊びや、活動の中で印象に残ったエピソードなどを基に、子どもの行為や保育者の援助などについて話し合います。普段の仕事では、クラスや学年単位で行動することが多い保育者にとって、他学年の事例を共有すること自体が興味深く新鮮な内容になります。特に保育者の予想を超えた面白い子どもの遊びや、活動をやってみて気が付いたこと等は、他の保育者にも共感を得やすいですし、面白いこと、驚いたことは人の心を動かします。「どうしてそんな発想ができるの？」、「この材料をこんな風に使うなんて！」などと、保育中の子どものエピソードは尽きないと思います。

　ここで大切なことは、「面白い」、「驚いた」という保育者の心の動きを、「なぜそう考えたのだろう、その背景や要因は何だろう」ともう一歩踏み込んで意見を出し合うことです。このように、実践から時間が経ってから振り返り、色々な角度から考察することで、保育者が自分の言葉で実践を語れるようになり、同時に生きた知識を獲得していくことになるのです。

　なお、グループワークをする際には、園長や管理職の保育者が、所属の学年や経験年数などを考慮して、なるべく幅広く交流できるように配慮してください。発表順は若手保育者が先に、経験のある保育者を後に

した方が話しやすいと思います。

　学びたいテーマを決めて体験する研修では、例えば「草花遊びをみんなで体験する」など、ワーク形式の研修は、保育者自身も子どもの気持ちになって楽しみ、新しい知識を身に付けることができます。造形の研修では、新しい素材の検討を行うことや、子どもの育ちに合わせた無理のない作業工程を考えてみるなど、具体的な保育実践のヒントが得られます。その他、手遊びを学ぶ、運動遊びを体験してみるなど、これまでやって来なかった保育に直結する研修は、内容次第では保育者のやる気にも繋がり、積極的な提案も期待できます。

　最後に、園内研修が実りあるものになるかどうかは、園長や管理職の保育者が、ねらいは何か、理解が深まる内容になっているか、ポイントが明確であるか、などを十分に考えて実施するということに尽きます。せっかく保育者が集まって様々な経験ができても、研修の目的に基づいた内容が実施されなければ、効果は半減してしまいます。

　保育の仕事はクラスや学年単位での行動が多いですから、研修という保育の日常から切り離された時間を有効に活かし、普段話す機会が少ない保育者同士がお互いに関心を持って、園内の人間関係を深めるきっかけとしたいものです。

⑿　外部研修会の利用

　園内の研修は、保育者が協働していく上で保育を見つめ直し、自分たちの実践を問い直す機会となります。さらに、外部の研修に参加することで新しい知見に出会え、自分の園のよさを再発見できることにも繋がります。

　筆者の所属している横浜市幼稚園協会では、若手保育者や園の後継者の委員会があり、1年に2回ほど、保育者向けの実践研修を実施しています。研修を企画するということは、テーマ決めや、開催時期、講師の選定、研修の告知を行うことなど、検討することは多岐にわたります。皆それぞれ自分の幼稚園で仕事を持っていますので、仕事に支障のない

範囲内で、研修会の運営のために集まっています。

　また、経験年数によって参加を呼び掛ける「キャリアアップ研修」や、領域やテーマを決めて事例を持ち寄って話し合い、年度の最後に研究会で発表をする研修も人気があります。具体的には、配慮の必要な子どもについて事例検討を行う研修や、遊びが深まるための環境構成について考える研修などがあります。いずれも、保育の現場で課題に感じることが多いテーマです。継続的に研修に参加することで、ヒントを得て園の実践に持ち帰り、また実践の中で起きたことを研修で共有することができます。講師は大学や専門機関から委嘱されてきている方が多く、研修に参加している保育者の相談に対して、直接助言をして頂くことも多いです。

　最後に、こうした外部の研修にきちんと参加できる園は、保育者の資質や能力を向上させようと考えている、体制の整った園であるということです。

　外部研修は保育の終わった平日の夕方に実施されることも多く、年間で数回〜9回程度開催されますので、仕事の調整も必要となります。

　業務時間中に外部の研修に参加できる環境で働くことができる園の保育者は、しっかりと仕事中に知識を深めることができる体制に感謝します。さらに研修で得た知識を勤めている園へ還元しようと考えるでしょう。最近ではコロナ禍ということもあり、Zoom等のオンラインのシステムを利用した研修も増えています。直接会っていなくても毎回の研修を通じて顔見知りになり、お互いに近況を報告することが励みとなります。そして、研修に参加している顔ぶれが、お互い普段の自分の保育を知らない者同士であるということが、実践や園の環境などについてリラックスして話すことができる要素なのかもしれません。

　筆者も研修の運営をお手伝いさせていただいた経験から、外部の研修を適切に利用することで、園の実践が豊かになるヒントが得られると実感しています。さらに、若手保育者が改めて外から自園や自分の実践を見ることによって、自信を持ち、意欲を高められる面も大きいと考えます。是非内容を精選して頂いた上で、外部の研修の積極的な利用をお勧

第3章　どのように若い保育者をサポートするか

めしたいと思います。

⒀　まとめ

　保育の職場での人間関係づくりをどうサポートするか、ということを主に以下の項目に分けて、説明致しました。

・保育者の採用難・育成の難しさ
・新人の悩みと仕事を任せること
・保育業務の特殊性と省察的実践家としての保育者
・１日15分の振り返り、実践と省察の循環の意義
・振り返り、研修を通して同僚との人間関係を構築すること
・若手保育者の相談役の設置
・園内研修のあり方と外部研修の利用について

　保育は「子ども」、「保護者」、そして「同僚」である「保育者」がよい関係性を保てなくては機能しません。園の環境や保育理念に惹かれて就職した若手保育者に対して、保育の面白さが味わえ、なおかつ仕事に貢献でき充実していると感じてもらえることが大切です。

　そのためには、私たちが当たり前のように仕事をしている、保育業務の特殊性をどのように理解し、周囲の先輩との人間関係の構築を支えながら、いかに成長を促していくべきか、筆者の知人である園長や主任保育士の意見も参考とし記述しました。

　また、保育者の実力に応じて新しいキャリアや知見の得られる研修を充実する機会を提供し、「この園に勤めてよかった」、「もっと保育を楽しんで仕事にも貢献したい」と考える保育者を一人でも多く生み出す職場環境の整備が急務であると考えます。

（参考文献）

１）生田久美子・北村勝朗（編著）『わざ言語——感覚の共有を通して

の「学び」へ』慶応義塾大学出版会、2011年

２）亀井以佐久「保育者の省察的実践力に関する研究——クラス活動の導入場面の分析を通して」『日本教師学会第20回大会要旨集』2019年

３）Schön, D.A, 1983. *The Reflective Practitioner: How Professional Think in Action*. New York: Basic Books. 佐藤学・秋田喜代美（訳）『専門家の知恵——反省的実践家は行為しながら考える』ゆみる出版、2001年

４）吉村香・吉岡晶子・岩上節子・田代和美「保育者の成長における実践と省察」『日本保育学会大会研究論文集』49、112-113頁、1996年

〈コラム２　やる気を引き出す——「得意なこと」を園の資源に〉

　新人保育者が入ってすぐに直面する問題は「子どもが自分に集中してくれない」、「先輩のようにできない」と自分の無力さを悲観し悩んでしまうことが挙げられます。

　しかし、クラスの運営や保護者の対応など、ある程度見通しを持って一人で十分な判断力を持って仕事ができるようになるまでには、概ね３年はかかります。４月に入職してすぐに子どもを迎えますが、同時に保育の仕事に限界を感じて離職を考え始めてしまうということが現実なのです。晴れて憧れの保育者になったばかりの先生がすぐに活躍するのが難しいとしたら、どうすれば少しでも力が発揮できるか周りが考えなくてはいけません。

得意なことを活かす

　少し視点を変えて、若手保育者が活躍する場面を増やすために、一人一人の得意なことに目を向けてみましょう。

　学生時代に吹奏楽などをしている方は意外と多く、履歴書の趣味の欄に「トランペット」、「フルート」などと書いてあったりします。例えば誕生会の出しものなどを、新人を含めた楽器が演奏できる人を園内で募り、任せてしまうのはどうでしょうか。子どもにとって普段と

違う先生の一面を見られて嬉しいですし、保護者の目にも新鮮に映って印象的な演出になります。

　また、保育を志す学生の中には、絵が得意な人も多いものです。園便りのイラストやデザインを任せることや、絵の具やクレヨンを使って描くことが得意な人には、大きな模造紙を自由に使って遊びの中心となって実践してもらいましょう。自分の周りに子どもが集まってくると、充実感も味わえます。

　また、週末にフットサルをしている保育者に、子どものサッカー遊びを主導してもらう、部活で陸上をやっていた保育者に思い切り走ってもらうことなど、大好きな先生が生き生きとして、輝いていることは子どもにとっても嬉しいことです。

　虫や鳥に詳しい人は、是非小さな図鑑を手に子どもと一緒に探検をしましょう。草花遊びが上手な人は、身近にある小さな自然の変化を感じ子どもと共に味わえる人です。

人の資源を園の魅力に

　まだ保育の仕事に自信が持てない新人も、得意な領域について話したり、やってみせることについては、緊張も少ないのではないでしょうか。周りの先輩も新鮮な驚きがありますので、その人の持ち味を知ってもらうことに繋がります。

　「得意技の披露は保育本来の仕事ではない」というご意見もあると思います。しかし、自分の行為に「子どもが喜んでくれた」、「今日は集中した時間が作れた」という体験の積み重ねが自己肯定感を高めますので、前向きな気持ちで場数を踏むことはとても有意義なことです。

　さらに、保育者が持っている力を資源として活用することは、園の新たな魅力を発見することにもなります。履歴書や日々の雑談の中にヒントがあるはずです。新人、若手保育者の良さを園の魅力として活かすことは、子ども、保育者、職場にプラスになります。新しい人材の資源を発掘し、園の魅力をアップさせましょう。

5 心身の健康面をどのようにサポートするか

(1) 幼稚園・保育所・認定こども園での経験からの具体的な取り組み

　子どもたちは日々関わりを持つ保育者の表情をよく見て模倣しています。一人ひとりに応じた保育・教育を指導する立場である保育者が、心身共に健康であるからこそ笑顔で子どもたちを包み込み、安心・安全な環境を構築していきます。様々な環境で学び育った保育者や他園での経験者が、同じ環境下で協働していく過程において保育観が異なると、子どもとの関わり方に迷い、働きづらさを感じ、子どもの頃からの夢であった現場を去って行く人もいます。保育者の育成にあたっては管理職を含めて生涯学び合いであり、凝り固まらず柔軟にお互いを思いやる気持ちが人を育てます。

　この節では、園長・主任・リーダー層が、日頃から保育者との信頼関係を構築することを心掛け、子どもたちが登園する際、まずは気持ちのよい「挨拶」から視診をするように、保育者一人ひとりの「昨日までとは異なる変化」に気付き、「心身の健康面」をサポートしていくための具体的な取り組みについての事例や、インシデント・プロセス法を応用した独自のメソッドから問題の主訴を明確にし、参加者全員で具体的な手立てを見出す「宝探し」のような手法をお伝えします。

(2) 園長面談（入職後から継続して定期的に）

　面談時間は30分間とし、お互いに貴重な時間を有効に利用する意識を持ち、時間内に終わらない場合は別日に改めて面談の場を設け、一旦終了します。30分間を超える面談は、傾聴者側の負担が増えるので留意しましょう。お互いに思いやる気持ちが大切です。

ア　新卒及び中途採用者には毎月一回実施
　4月は傾聴重視（職員9割・園長1割）で、まずは職員を知ることを

優先します。（独り暮らしの職員には特に）食事や睡眠がしっかりとれているのかを聞いてみましょう。具体的な手立てを問い質すような相手を試す言動や、自身の経験談を一方的に話すことは避けましょう。

イ　2年目以降の職員には年間8回実施

・チャレンジ面談（4月・7月・10月・1月）

　年度初めの4月は、あらかじめ前年度を振り返り、新たにチャレンジしたいことを文章化し、面談時に持参するよう伝えます。面談の際に園長と共に記録を重ねていき、その面談を通して新たな課題や困り感（後輩ができたことでの指導方法や保育に対する手立て、保護者対応など）や、保育に対する悩みを共有し、問題の主訴を明確にしながら継続的に職員との関わりを持ちます。見守り、必要に応じて援助しながら共有することを繰り返し、具体的な手立てを見出して行きましょう。「チャレンジ面談」ですので、園長自身が心身共に健康で保育者のやる気をエンパワーメントする気持ちで実施しましょう。

ウ　人事考課面談（6月・11月・2月）

　面談内容を以下のように具体的に可視化して実施します。保育の日常・保護者対応・事務作業・人的環境・物的環境に対し、意識して取り組んだ内容を傾聴します。保育者のモチベーションアップを目的とし、保育者の頑張りや課題を改めて具体的に理解することに努めます。また、保育者が目標を達成できるような支援を見出すきっかけにもなります。

　子どもや保護者、そして職員同士に対しても物事を明確に伝えること（自己発信力）は、大切です。面談の進め方次第では、職員のやる気を失う危険性もあるので、園長・主任・リーダー間、又は可能であれば園長同士のロールプレイングや研修を通して、園長の面談スキルの向上に努めましょう。

エ　来年度へ向けて（3月）

　まずは、職員の思いを遮らずにしっかりと傾聴し、園長からの感謝の気持ちを伝えます。日頃からの保育を見て、適切な言葉掛けを積み重ねていればこそ、頑張りや努力を具体的に肯定し、褒め、伝えることが可能になります。園長は主任やリーダー保育者との連携を密に、しっかりと状況を把握し、共有しましょう。また、上司間の関係性に安定感が欠けることは避けましょう。

(3)　第三者によるサポート体制

　園長・主任は職員とのコミュニケーションがしっかりとれていると思っていても、実際はそうでないケースは多分にあります。自身では気付けない現状を第三者である専門家からの助言を真摯に受け止め、新たな課題を主任やリーダー保育者と共に具体的な手立てを見出し、迅速に対応することを心掛けたいものです。

ア　派遣カウンセラーによる面談（全職員・年2回）

　派遣カウンセラーに心身の健康面について相談できる機会を設けます。園長・主任・同僚に相談しづらいことでも専門家だからこそ話せることで、状況や思いを受け止めてもらえる場となり、必要があれば、受診を促してもらうことで早期回復へ繋げています。

イ　外部相談窓口

　外部の健康相談窓口（メンタルケア・介護・セカンドオピニオン・がん治療と仕事の両立・支援など）は24時間相談可能で、職場のことのみならず、プライベートについての相談ができることも、心身の健康を支える大きな役割となっています。

(4)　垣根を超えたミーティング

　園内で活躍する異なる専門性を有した保育者同士（保育士・幼稚園教

論・保育教諭・看護師・栄養士・調理員・事務員など）が、スケジュールを調整し合い、短時間でも「話し合いの場」を設けています。様々な職員との関わりを経て自己発信能力を育み、一人ひとりの個性を知り、尊重し合い、子どもたちを皆で育てている意識を持つことを大切にしています。いずれも、園長・主任の参加が必須ではなく、保育者同士で行うことも多いです。その際は、参加した保育者から報告を受けて共有しますが、一番大切にしたいのは、保育者同士が情報を共有して見通しを持つことで、安心感を持って子どもたちと向き合い、保育をすることです。

※ミーティングの一例

タイトル	参加保育者
プロジェクト	行事担当者
リスクマネジメント	各学年から1名・看護師・栄養士
カリキュラム	各学年から1名・看護師・栄養士
ウイークリー	各学年から1名・看護師・栄養士
マンスリー	各学年から1名・看護師・栄養士
リーダー	学年リーダー・栄養士リーダー
保護者対応	ミーティング設定者からの呼びかけ
保育対応	ミーティング設定者からの呼びかけ
フリー	ミーティング設定者からの呼びかけ

※職員会議（月1回）

　一人で思い悩まずに組織の一員であることを意識し、自ら発信することで、受け止めてもらったり認めてもらったりを繰り返し、自己肯定感を得て安心して働ける居場所を構築することができ、一人ひとりの保育者が前向きになれる場となっています。

⑸　アイスブレイク

　ミーティングや会議前の20分程度、場の雰囲気が和むような企画を保育者の立案で実施しています。担当保育者の視点でグループを編成することから、現場に必要な人的環境への配慮がうかがえます。それらの創意工夫を、園長・主任は温かく見守り、必要に応じてアドバイスをするくらいが丁度良いでしょう。

ア　新聞紙高さ競争

　材料は、新聞紙・セロテープのみ。グループによって目標は同じでも、手立てや方法は様々です。それぞれの創意工夫を「なるほど」と、柔軟に受け止めながら新たな手立てを試していくことは、保育も同じです。担当クラスや専門性が異なるグループや、同学年で編成されたグループ。グループ分けには、担当者から他の保育者への思いが溢れています。

　新聞紙高さ競争は、手を放して５秒間倒れないことと、高さを競っています。土台をしっかり作成するチームもあれば、セロテープで補強しているチームがみられます。

イ　褒め褒めタイム

　３〜４名のグループを作成し、一人ひとりが褒めてもらえる時間です。担当者はグループ編成に悩みながらも、今この時期に必要なチームワークを考えての実施となりました。

　毎回が「褒め褒めタイム」ではなく「ありがとうタイム」や、実際の保育での言葉掛けなどを「真似したいタイム」へと発展していきます。保育者同士が理解し合えないと実現できないので、このような積み重ねが働きやすい職場へと、皆の力で育まれていくのだと考えます。

　また、このような取り組みをドキュメンテーションにして保護者に周知しています。子どもたちを取り巻く大人の人的環境を整える工夫を可視化することで、保護者の心の健康の一つである「安心感」に繋がっています。ドキュメンテーションの一例を紹介します。

例１

　「○○先生発信！アイスブレイク」
　９月５日㈯の全員出勤日に４グループに分かれ、研修前にアイスブレイクを実施しました。

子どもたちが笑顔で、穏やかに安心して過ごすためには、保育者同士の連携が柔軟で穏やかであり、思いやりを持って接すること。すなわち、保育者同士の連携が子どもたちに大きく影響します。研修が進むにつれて、保育者同士の心の距離が近付いていくと…話し合う保育者同士の距離が（心身共に）どんどん近くなっていました。

例2

○○先生による「アイスブレイクタイム」！！

ミーティング前に実施された褒め褒めタイム。

照れて顔を赤くする姿が見られました。いくつになっても褒めてもらうことは嬉しいですね。自身の事を見てくれている！　認めてくれている！　ちょっとくすぐったい気持ち。涙がこぼれるほど嬉しい気持ち…。

いつも一緒にいるけれど、なかなか面と向かって言えない熱い思いを、背中から沢山伝えることができました。

「ありがとう」こんなにも温かい保育者と共に過ごせる子どもたちは幸せです。

(6)　「園内研修」伝え合い・学び合い

勤務年数や、専門分野によって様々な外部研修が実施されています。最近では、ウェブを利用した研修が開催され、園内にいながら複数の保育者と共に同じ研修を受講することも可能となりました。

保育を協働するからこそ生じる困り感や悩みは、一人ひとり異なります。今、現場で必要な学びは何かを園長をはじめ全保育者で見極め、日々の保育に役立つ手立てを見出し、同じ目標へ向かって進む過程において切磋琢磨しながら、保育者の資質・能力の向上を図りたい。そのためにまずは、日常の保育を安全に丁寧に行うために得ておきたい知識を、専門性を活かした保育者が講師となり、情報の共有を兼ねて実施すること

で、保育に対する不安も軽減されるでしょう。

　ここでは、課題が明確になっている場合の研修や、問題の主訴が不明確な際に有効な研修などを紹介します。

・アレルギー児対応研修（講師：栄養士）

　給食を提供するまでの流れ、注意事項を全保育者で共有します。

・嘔吐研修（講師：看護師）

　嘔吐処理を学びます。いざという時に慌てないように保育者間で声を掛け合い対応します。

・保育者の立ち居振る舞い（講師：先輩保育士）

　保護者対応・来園者対応・電話対応など基本的なことを学び、規範意識を持ち、園の一員（一人ではない、仲間がいる）であり、仲間の存在を知って安心感をもち、社会人としての自覚を持ちます。

・図上訓練（講師：主任）

　災害時の避難ルートは入職と同時に把握する必要があります。防火管理者の園長や主任から、いざという時に備えて詳しく伝えています。

　前もって知ることで不安が軽減され、経験者は新卒者と同じ時間を共有し、改めて確認し合うことでコミュニケーションを図り、共通理解を深め合う有効な時間となります。

・保育者とは（保育所の役割など）（講師：園長）

　年度初めの第一歩は、保育者一丸となってスクラムを組む大事な時間

です。未来を担う子どもたちと共に過ごす貴重な毎日を、しっかりと意味づけて保育できるよう、どのような子どもに育てたいのか、そのために保育者はどのように関わっていきたいのかを伝え合い、改めて保育施設の役割について学びます。

　この際、園長の決意表明は必須です。保育者一人ひとりを知ることも大切ですが、園長の思いを明確に具体的に伝え、保育者が迷わず前向きになれるように道筋を明るく照らし、安心して働ける環境を共に構築しましょう。

・得意なことを伝え合う（講師：全保育者）

　保育を通して「やってみたいこと」や「困ったこと」を保育者間で共有する際に、様々な得意分野を有した保育者が講師となり伝え合います。講師となる保育者は、伝えたい思いや考え、経験などを整理し、他者が分かりやすいように創意工夫をして伝えます。困り感や悩みもそれぞれですが「こんなこと聞いても良いのか」が、「聞いてみて良かった」「また聞いてみよう」と思えること、また、「同じことで困っている人がいる」「同じことをやってみたい人がいる」ことを知り、自ら発信できる人的環境が育まれていきます。

(7)　休憩スペース

　子どもと離れてほっと一息つける場所を設けています。「休憩室」として1部屋確保できない場合、パーテーションを利用しています。冷蔵庫・電子レンジ・ウォーターサーバーを設置し、園内でジュースやアイスを購入できるよう、業者と契約をしています。

　「話す」ことからのコミュニケーションを大切にしていますが、ゆっくりと心を落ち着ける時間を持つことも大切にしたいものです。保育者によって落ち着ける場所も様々なので、ロッカールームは常に清潔を保つように心掛けています。

　いずれも、全保育者が気兼ねなく使用できることが目的なので、「休憩対策係」の保育者が現場の声に耳を傾けながらアイデアを発信しています。園長・主任はその発信をしっかりと受け止め、具体的な試みを協働しています。それぞれの気付きや視点と丁寧に向き合うことを心掛けましょう。

(8)　インシデント・プロセス法を応用した独自のメソッド

　日常の保育での出来事に対して参加者(協働者)が質問することによって悩みの概要を明らかにしながら、子どものため・保育者自身のため・共通理解と連携のために、明日からの具体的な手立てを検討していく手法、「参加型の宝探し」です。

ア　現場で遭遇する事例検討会での課題

　教育・保育に携わる中での困り感や悩みを、やっとの思いで先輩や同僚に相談したものの、具体的な手立てが見出せないまま困り感が解決されず継続するケースとして次のような問題が挙げられます。

・自身の悩みについて説明を始める

　「分かる、分かる。私はこう思う。あのね…。」と、相談者からの問題からかけ離れ、持論を語り、自身の悩みを語り始め、最後は「相談してくれてありがとう」と、共感のみで終わる。

・相談者への批判

　「その時先生はどうしたの？」「どうしたかったの？」「それはちがうんじゃないかしら」など、批判や責められているような気持になり、以後相談をしなくなる。

・相談すること事態が緊張

　忙しいところに、このような質問をしても良いのかと不安になる。

・質疑応答が不活発

　相談した事例が会議で検討された際、あまり話したことがない保育者や先輩がいることで自分の意見を言いにくい雰囲気の中で実施される。

イ　実施することでのメリット
・参加者一人ひとりが問題解決者となる

　相談者（事例提供者）を支える意識が育まれる。

・実際に発生した問題を共有できる

　園内で発生した事例ではあるが、キャッチしきれない事例もあるので、クラスや学年の垣根を超えた保育者で共有し、解決へ導く過程を協働することが可能になる。

　また、保育者間で問題解決の手立てが共有されることで、子どもへの指導（助言）が統一され、子どもを迷わすことから回避できる。

・心理的な負担が少ない
　質疑応答は事例の事実について行われるので、批判的になりにくい。

・相談者（事例提供者）の負担が少ない
　事例検討会を実施するにあたり、相談者からの資料作成などの準備が必要ない。

ウ　参加者の留意点
・自分が相談者の立場だったら、という意識で参加する
　インシデント（小さな出来事・事件）に直面した際、自分ならどのように考えて行動するのかという視点を持つ。

・相談者（事例提供者）を支える
　参加者は温かい雰囲気で、相談者を責めたり批判したりしない。

・他の事例の話を持ち出さない（一問一答式）
　質問事項は一問一答で行い、事例提供者の話について検討会を実施していることを忘れず、話の流れで他の事例に移行することを避ける。また、質問への回答をもらった際は、必ず「ありがとうございます」と伝える。

・守秘義務
　話を外部に漏らさない。

・同じ立場で参加する
　経験年数や役職問わず発言権を持つ。

エ　役割

・相談者（事例提供者）（1名）

　事例（困っていることや解決したい問題）を提供する。

・参加者（複数名）

　事例について質問し、課題解決法を考える。

・司会及びタイムキーパー（1名）

　会をスムーズに進行し、時間を管理する。

オ　手順

・司会が参加者にワークシートを配布し、流れを説明する（2分）

　参加者は手順に沿って各自ワークシートに記入しながら参加する（シートは一人ひとりの参加意義を高めるためのもののため、終了後も回収しない）。

・事例提供者が事例を提供する（3分）

例1）事例提供者：年中4歳児担任

> 　S君は一斉保育中に興味を示さず、皆と一緒に行動（集団行動）することを拒み、椅子に座って傍観していたり、保育室から出て職員室へ行ったりすることが多い。対応方法に困惑し、本児への特別感が与える他児への影響も心配。

・参加者が質問を考える（5分）

　事例提供者への質問を考える（保育者の保育についての質問ではなく、S君を知るための質問に限る）。

・参加者が質問し（挙手）、事例提供者が答える（一問一答式）（15分）

例2）　A：参加者　　　B：事例提供者

A：S君の好きな活動は何ですか？⇒

B：自由や制作です。

A：ありがとうございます。

A：S君が好きな友だちはいますか？⇒

B：M君です。S君のことを気にかけています。

A：ありがとうございます。

A：S君が自ら活動に参加することはありますか？⇒

B：「S君、一緒に作ろう」と声をかけると参加することもありますが、他のことに興味関心が向いている間は集中して取り組み、活動が終わる頃に参加を始めることもあります。

A：ありがとうございます。

A：S君が楽しそうにしているのはどんな時ですか？⇒

B：戸外遊びです。砂場で水を流すととても楽しそうです。とてもご機嫌です。

A：ありがとうございます。

A：S君の好きな色は何色ですか？⇒B：わかりません(1)

A：ありがとうございます。

A：S君の好きな歌はどんな歌ですか？⇒B：わかりません(1)

A：ありがとうございます。

A：S君が心を開いている先生はいますか？⇒

B：はい。私と〇〇組のM先生（3歳児の時の担任）です。

A：ありがとうございます。

　下線(1)のように、わからないことがあるときは、「わかりません」と答えます。ここで大切なのは、参加者（特に先輩保育者）が、「なんで

わからないの？しっかり子どもを観察していないの？」などと発言しないことです。わからないことに気付くきっかけとなったことをプラスにとらえて、新たな視点でより深く幼児理解をしていくことが大切です。「ありがとう」を忘れずに伝えることで、質問内容にも事例検討者への配慮がなされ、質問が何度も往復することを回避します。事例提供者は決して責められているような気持にはなりません。一問一答式が繰り返されることで、S君のことを改めて理解し、参加者と共有することができます。

・質問を終え、司会が問題の主訴（解決したいこと）を確認する（5分）
　一問一答式を終えて、事例提供者が改めて問題の主訴を明確にし、参加者と共有する。

・参加者が解決方法を付箋に書き出す（箇条書き）（10分）
　「私だったらこうする」と考えたことを箇条書きで分かりやすく1枚の付箋に1つの手立てを書き出す。この際、「全体での取り組みとしてこうしていきたい」「保護者との連携」など、具体的な手立てを見出したい項目が他にある場合は、付箋の色を分けて記入します。項目が複数ある場合は、時間を余分にとることが必要です。

・参加者の思い・考え（手立て）を共有する（10分）
　参加者が記入してくれた付箋を貼り出し、一人ずつ発表する。

・事例提供者が感想を述べる（5分）
　最後は全員で拍手をして終了する。

・実施後の感想

例）事例提供者の感想

・悩みや困り感が沢山ありながらも日々の保育に追われていたが、自ら発信したことで、色んな手立てや考えがあることを知り、その中から試してみたいことが見つかり、明日からの保育が楽しみになった。
・相談をすることを躊躇していたが、「相談をして良いんだ」と思う事ができた。
・今までにも付箋を貼るような研修に参加したことがあったが、肯定的な研修は初めてだった。
・共通理解をもって保育をすることの大切さに、改めて気付くことができた。
・自身の経験が優先し、他者からの意見を柔軟に受け止める意識が薄れていたことに気付いた。
・上司からの指示は絶対だと思っていたが、保育には様々な手立てや方法があることを知った。
・何について悩んでいて、どうしたいのか目的が見えなかったが、参加したことで問題の主訴を見出すことができた。
・様々な場面でこの手法を取り入れながら、保育者と協働していきたい。
・参加者が自分の事のように一所懸命に考えてくれたことがうれしかった。「一人ではない」と思うことができた。

例）参加者の感想

・困っている保育者に対して、手立てや対応方法を問い質す場面を幾
　度となく目にしてきたが、困っている保育者をエンパワーメントす
　ることは、子どもとの関わりに似ていると感じたので、日常の立ち
　居振る舞いや言葉掛けに留意したい。
・同じ課題を共有し、宝物を探すように一緒に考える過程は、とても
　有効な時間と感じた。
・一緒に働いていても、言語化しないと分からないことが沢山あるこ
　とを知った。
・共感のみで終わってしまう話し合いを沢山してきたことに気付けた
　ので、具体的な手立てを見出しながらPDCAを繰り返していきたい。
・何でも話し合える人的環境が保育者間の働きやすさに繋がり、元気
　でいられることを実感した。
・明日から取り入れてみたいと思える手立てを、自身で選択できるこ
　とをとても有難く思う。
・子どもたちのことをもっと知りたいと思った。また、気付いたこと
　を保護者に伝えていきたい。

　参加人数や所要時間は、その都度調整が可能です。この手法を行う際
は、留意点を参加者全員で確認し、「穏やかな雰囲気」で、お互いを思
いやる気持ちを大切に参加しましょう。

・インシデントの一例

- ・新卒保育者の悩みを解決する
- ・学年間の保育者同士の連携
- ・5歳児男児への関わり方について
- ・保護者との関わり方について
- ・リーダー保育者に求められること
- ・後輩保育者育成について
- ・S君が園生活を楽しめるために
- ・先輩からの期待に応えたい後輩の思い
- ・園だよりの書き方
- ・トイレトレーニングについて
- ・モチベーションを維持し、高めるためには
- ・子どもへの言葉掛け
- ・制作の進め方
- ・保育室を常に清潔に保つためには
- ・絵本の選び方
- ・先輩との信頼関係を構築したい
- ・思いを表現する手段を子どもに伝える方法　など

　子どもたちが、「明日も園へ行きたい」と思えるように、また、保育者も「明日も笑顔で頑張ろう」と、保育に備えて睡眠をとり、ゆっくりと心身ともに休め、健康でいられるように、保育者間の人的環境を構築していくことを大切にしながら、沢山のコミュニケーションをとり、穏やかで心地よい園運営を目指したいものです。

（参考文献）

1）榌沢良彦・上垣内伸子（編著）『保育者論――共生へのまなざし』保育・教育ネオシリーズ(9)、同文書院、2004年
2）塩美佐枝・古川寿子・川並珠緒・関口明子・羽生和夫『幼児理解と

一人ひとりに応じた指導』聖徳大学出版会、2015年
3）横山洋子・中島千恵子『保育者のためのお仕事マナー BOOK』学
研プラス、2015年

第4章
リーダー・管理職はどうあるべきか

　第4章では、保育施設の管理職が知っておくべきテーマを3つ取り上げます。管理職としての姿勢やあり方、メンタルヘルス、組織体制づくりの3つです。管理職としての姿勢やあり方については、認定こども園の園長としての経験を踏まえて、リーダーやマネジメントの概観と、そこから導き出される経営理念や行動指針について述べていただきました（1節）。次に、カウンセラーとして子育て支援や保育者養成に関わった立場から、メンタルヘルスと職場におけるストレス・ケアについて、説明していただきました（2節）。最後に、保育施設の組織体制について、長年に亘って園長を務められた経験をもとに、新人保育者からベテラン保育者まで、キャリア形成にまで目を配った組織作りと雰囲気作りについて、説明されています（3節）。

1 管理職としての姿勢、あり方

⑴ 離職が続く

　40代半ばに公立学校の教員から妻の実家の園の園長になり十数年が過ぎました。今では離職者もなく育休明けで毎年のように職員が復帰する園となりましたが、特に園長になって最初の3、4年は結婚退職も含め毎年のように職員が自ら退職したり、再契約しなかったりと大変でした。その当時は園での残業も多く、私の要求も高かったと思います。特に園児たちのために残業することは、自分自身もそうでしたが、当たり前のことであり、仕方がないことだと認識していましたし、私の経営方針と合わない人には他園に移ってもらうしかないとも考えていました。当時

は職員募集を出しても応募してくれる人がいたので良かったのですが、その後、新規採用を含めた職員募集をしても一人も応募がない状態となりました。そして、将来を期待していた先生が一人、また一人と辞めていくと、さすがに園の保育にも影響がでてくるようになりました。そして、なぜ上手くいかないのか悩む日々が続くようになりました。私が悪いのではなく、辞めていく職員が悪いものとも考えていましたし、職員がもっと保育の勉強するのも当たり前のことだとも考えていました。そのため、保育の質向上のために園内研修を勤務後に設定していました。このようなことの積み重ねが原因だと気づくのにしばらく時間を要することとなりました。悩んだ末に私がとった行動は、①全国にいる知り合いの園長先生の園見学と園経営についてお話を聞くこと、②他業種（経営を含めた）の研修に参加すること、③様々な本を読むことなどでした。それらを通して学んだことの中から「管理職の姿勢、あり方」を中心に紹介していきたいと思います。

(2)　リーダーの一流と三流とはなんだろう

　まず、ご自身は「一流の管理職ですか？」、「三流ですか？」どこにあてはまるか考えながら読んでみて下さい。

ア　方針について

　三流は厳しさを重視し、二流は楽しさを重視し、一流は部下の成長を重視する。そのため職員に①成功体験を味わってもらう、②褒める、③工夫する。仕事の成果を互いにたたえ合う場を作ったり、おもしろい仕事のアイデアを出し合う会議をしてみるなど、アイデア（工夫）を出してみる。

イ　視点について

　リーダーは将来を見据えて人材教育をしていかなければなりません。自分や自分の部門の仕事だけしか見ていないと非常に視野が狭くなって

しまいます。同業他社からはもちろん、異業界にもビジネスのヒントはたっぷり詰まっています。以上の視点を持てればこれからも貪欲に学べるのです。視野を大きく広げて判断することを勧めます。

ウ　規則について

　三流はルールを無視、二流はルールを絶対と考え、一流はルールは変わっていくものと考えます。つまり、臨機応変に対応できる柔軟性を持つことが大事です。

エ　理想のリーダー像

　三流は威厳のあるリーダーを、二流は統率力のあるリーダーを、一流は共感を呼ぶリーダーを目指します。そのためには、

①　傾聴する

　　例えば、保護者から理不尽な対応をされ落ち込んでいるとします。このとき「元気出せよ」という言い方や「なんでそうなったんだ、考えろよ」という言い方ではなく、まずは「大変だったよな」と職員の気持ちに寄り添うのです。部下の位置まで降りていくのです。「共に在るよ」ということを示します。

②　自己開示する

　　できるだけ成功談よりも失敗談を話すと共感してもらいやすいです。

③　理不尽な対応をとらず、部下の気持ちに寄り添うことが大切です。

オ　褒め方について

　三流は褒めず、二流はみんなの前で褒め、一流は部下を個別に1対1で褒めるようにする。特に部下を平等に評価するようにしましょう。

カ　接し方について

　三流は部下に嫌われようとし、二流は部下に好かれようとし、一流は

好かれようとも嫌われようともしません。なぜなら、リーダー自身が「部
下に嫌われようとする」「部下に好かれようにする」という考え方では
自分軸になってしまっているからです。部下を育成しよう、チームを伸
ばそうという視点ではなく、「自分がどう思われているか」という視点
になっているのです。リーダーは「チーム」「部下」という他人軸で考
えなくてはなりません。部下を適切な行動に改善させるためには言いに
くいことも言いましょう。そのためには感情的にならずに指摘すること
が大切です。

キ　自分の魅せ方について

　三流は有能なリーダーを、二流はものわかりのいいリーダーを、一流
は無能なリーダーを演じます。主役は部下であり、リーダーはサポート
する立場です。一流のリーダーはメンバーにチームという意識をもたせ
ます。部下に教えを請うことによって部下の知識が定着する、部下の承
認欲求を満たすことになります。

ク　部下の戦力化について

　三流は部下を自分の手足と考え、二流は部下を役割の違う仲間と考え、
一流は部下をタレントと考え、自分はプロデューサーになろうとします。
部下とは対等ではなく、主役は部下になります。部下の才能でもある強
みを見つけて活かしていくのです。強みを抽出するためには「部下ノー
ト」をつくります。私はそのノートをカルテと呼んでいます。カルテの
中には①家族構成（お子さんの入学、卒業時にはプレゼント）、②何が
得意で何が苦手か、③将来のキャリアプラン、④趣味などを記入します。
そのため年に数回面談するようにしています。このことは部下の強みを
最大限に活かすために必要なことだと考えています。

(3)　ボスマネジメントからリードマネジメントへ

　あなたは、どちらのタイプですか。

図１　リーダー（導く人）とは

出典：http://www.tristupe.com/2016/09/boss-vs-leader-which-are-you.html
最終アクセス日　2021年５月１日

　私たち管理職は、「部下を成長させたい！」「手柄をとらせたい！」と日頃から思っているはずです。その思いが高じてマネジメント方法を間違ってしまうと、部下の気持ちが離れる上に、最悪「パワハラ」で訴えられかねません。ここでは従来行われていた「ボスマネジメント」と、これからの上司に求められる「リードマネジメント」について説明します。

　「ボスマネジメント」は、「パワハラ」として訴えられるかも知れません。2020年６月から、「パワハラ防止法」が施行されました。これまで横行していた「パワハラ」について日本で初めて法律で規定し、その防止措置の義務を企業に課す法案です。パワハラ防止法により、企業は相談窓口の設置や再発防止対策が必要になるうえ、悪質な場合には企業名が公表される可能性もあります。2020年６月から大企業で施行され、中小企業は2022年４月から施行となります。

　これほど注視されているパワハラですが、上司自身はただ熱心に指導しているだけと思い込んでいるケースもあります。

　パワハラをしてしまう上司は、部下に命令し、思うように動かない場合には不安や恐怖によって無理矢理にでも相手を行動させようとする「ボスマネジメント」をしてしまいがちです。

　上司自身はリーダーシップを発揮しているつもりで叱咤激励し、自己満足しているのですが、部下としては委縮し、仕事の質も落ちてしまいます。それが続くと、結果的には離職にもつながりかねないのです。

ア　「ボスマネジメント」によって生じる弊害とは

　「ボスマネジメント」をしてしまう上司は、自分自身もボスマネジメントしか受けておらず、他のマネジメントを知らないというケースが多いようです。まさしく、私自身がそうでしたし、それが当たり前だと思っていました。

　部下の行動を非難、叱責し、常にネガティブな言動で相手をコントロールし続けても、よい影響があるはずがありません。「ボスマネジメント」の結果、

　①　部下が自分の頭で考えなくなる

　②　部下が委縮し、上司のイエスマンになる

　③　何か問題が生じても、命令した上司の責任だと思ってしまう

　④　結果的に上司が仕事を抱え込み、より多忙になる

　その後上司と部下との信頼関係が構築されず、職場全体の雰囲気が悪化するなどの悪影響が考えられます。

イ　「リードマネジメント」の４つのポイントとは

　では、「リードマネジメント」を行うためには何に気をつけたらよいのでしょうか？　４つのポイントに絞りご紹介します。

　①　相手がよい選択ができるように支援する

　まず、前提となるのが上司の意識です。ボスマネジメントで横行していた「部下は思いどおりに動かすもの」という考え方ではなく、

　・部下を直接変えることは不可能

　・上司である自分自身も他人が変えることは不可能

　・物事を選択するのはあくまでも本人

　ということを意識しておくのが重要なポイントです。直接部下を変え

るのではなく、相手の内側に働きかけていくようにサポートしましょう。

　②　必要な情報を提供する

　そもそも自分より知識量が少ない部下が、正しい選択をするのは難しいことです。まずは選択に必要な情報を提供して、部下が正しい選択ができるようなサポートをしましょう。

　③　欲求を満たせる環境や関係をつくる

　部下が「欲求を満たせる」＝「仕事で成功できる」ような環境や人間関係を作り上げましょう。つまり、部下がどのようになりたいのかを引き出し、部下が仕事で成功するイメージを持たせてあげることが重要です。

　④　考える機会を提供する

　「リードマネジメント」を行う際に大切なのが、相手に簡単に答えを与えないことです。あくまでも選択するのは部下自身です。そのためには、部下が考える機会を提供していきましょう。上司から部下へ、威圧的ではなく導くような質問をすることにより、部下は自ら考えて行動を選択できるようになります。そして部下が行動した際には、必ず振り返りの場を設け、できたことは大いに認めて褒め、ミスをした場合には次はどのように行動すればいいのか一緒に考えサポートしていきましょう。

　一見、まわりくどい方法に思えるかもしれませんが、「リードマネジメント」は部下が自立し、成長するために効果的な手法です。部下にモチベーション高く行動できる人材になって欲しいなら、無理矢理コントロールするのではなく、自ら考え、答えを選択できるようにサポートしていくことが大切です。そのためにも、部下から本音を正直に打ち明けてもらえるようなオープンな人間関係を構築していきましょう。これを簡単にまとめたものが次図になります。

　この考え方の基礎は、私が10年以上学び続けているウィリアム・グラッサー博士が提唱する選択理論心理学が基になっています。彼は図3のように外的コントロールと内的コントロールとも表現しています。変えられるものは未来と自分、変えられないものは他人と過去です。私自身、

図２　ボスマネジメントとリードマネジメント

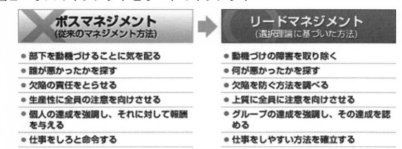

出典：http://www.achievement.co.jp/choicetheory/images/02_leadmanage_477_182.jpg
最終アクセス日　2021年５月31日

図３　動機づけに対する考え方と結果　〜選択理論心理学の効用〜

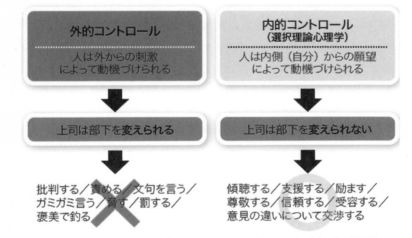

出典：https://www.dhbr.net/articles/-/4706?page= 2
最終アクセス日　2021年５月31日

　園長になった最初の頃は、他人（職員）を一生懸命変えようとしていましたし、それが職員のためだと信じていたのです。

　また、図３の下段に書かれているものは、それぞれ左側（×印）は致命的な７つの習慣、右側（○印）は身につけたい７つの習慣と表現しています。この７つの習慣は職場でも家庭でもどの場面でも使うことができます。後述しますが当園のクレドの１つとなっています。

　ぜひ、皆さんもボスマネジメントからリードマネジメントへ、外的コントロールから内的コントロール、そして致命的な7つの習慣から身につけたい7つの習慣に転換してみてはどうでしょうか。

⑷　理念

　あなたの園（法人）の経営理念はどうなっていますか。私が知っている園経営や会社経営がしっかりしている事業所の管理者は、経営理念（理念経営）をしているところがほとんどです。どの管理者も自園（自社）について語ることができます。

　多くの企業には、経営理念が存在します。労務行政研究所の調査結果『労政時報』第3918号（2016年）によると、従業員1,000人以上の会社には100%経営理念があり、従業員規模が減ると経営理念の有無の比率も減少傾向にあります。全体では90.6%、300人未満の企業では87.1%の企業が経営理念があると回答しています。「経営理念を明文化しているか」の調査では、従業員規模300人以上の企業は明文化していると回答しているものの、300人未満の企業の一部（3.7%）では明文化していないとの回答があります。中小企業などであればあるほど、「そもそも経営理念がない」、「明文化していない」などの現状が明らかになります。

ア　経営理念とは（経営理念と企業理念は違います）

　経営理念とは、その企業の「存在意義」や「使命」を示す言葉のことです。その中身には、
　　①　企業経営や事業活動における基本的な「考え方」や「姿勢」
　　②　従業員にとっての「働きがい」や「判断基準」
　　③　顧客にとっての「企業からの約束事」や「提供価値」
を表す言葉が含まれます。
　経営理念は言語化し、掲げることがゴールではありません。むしろ掲げてからがスタートであり、従業員が経営理念の実現に注力することで、顧客への提供価値が高まり、社会的な責任を果たしていくことができま

す。そのため、経営理念を決めた後には、経営者を含む全従業員が内容を理解し、自分ごと化し、実践し続けて、風土に根付かせていくことが重要になります。

また、経営理念の内容は環境や時代の変化に合わせて変化していくものです。組織や事業の現状を踏まえて、今後の方針を経営理念に紐づけて再解釈することや、場合によっては再定義していくことが求められます。

イ　経営理念を掲げるメリット

経営理念で束ねることで具体的には下記の4つの大きなメリットが生まれます。

① 経営者や管理職が判断した際に、経営理念を共通言語として効果的・効率的に伝えることができる。

意図や背景を、状況に応じて説明したり、個々人に合わせて説明したりする時間が短縮化され、判断コスト・コミュニケーションコストを削減することができる。

② 組織としての価値観が明確なことで、組織や職場に一体感・安心感を生むことができる。

お互いの様子が見えない中でも大事にしていることが共有できるため、組織に所属する意識が高まり、生産性向上・離職防止につながる。

③ 企業としてのメッセージが明確になり、「この企業に属する意味」が明確になる。

事業・仕事だけではなく、理念や風土によって他社と差別化し、優秀な人材の保持や獲得につながる。

④ 企業として一貫した行動がとられることで、商品・サービスを通じて顧客の共感を生むことができる。

連携や分担においても同じ方向性を目指し、顧客に価値として提供することで顧客が信頼や期待を持つことができ、ブランド価値につながる。

上記のいずれの場合においても、経営理念が「あるだけ」では意味が

ありません。実践し続けることや組織風土に根付いていくことでようやくメリットが生まれるため、常に実践できているか、基準は十分に高いかというモニタリングが必要になります。

ウ　以前の自園の理念と今の理念
　①　以前の経営理念（保育所時代）
　保育所は、乳幼児が生涯にわたる人間形成の基礎を培う極めて重要な時期に、その生活時間の大半を過ごすところであり、養護と教育が一体となって豊かな人間性を持った子どもを育成していきたい。女性の社会参加の増加に伴い、保育需要の多様化したニーズに対応するため、特に乳児保育の充実の継続と乳児保育に加え地域社会との関連をより充実したものにするため、八戸市保育対策等促進事業における「保育所地域活動事業」「地域子育て支援センター事業」「休日保育事業」「延長保育事業」「一時保育事業」等の各事業の実施に取り組んでいきたい。
　②　現在の経営理念（認定こども園時代）
　平成27年4月から幼保連携型認定こども園に移行する際に柱を3つとする経営理念を新設しました。

1．保育園はこどもと親のためにある
　(1)　安心で安全な場所であること
　(2)　すべての判断基準はこどもにある
　(3)　こどもの「生命」が一番であること
2．保育園は養護と教育の場である
　(1)　生活習慣の確立と5領域をもとにした保育の実践
　(2)　学び続ける大人の集団
3．保育園は地域とともにある
　(1)　地域のこどもは地域で育つ
　(2)　家庭への支援（一時保育、子育てひろばの充実）

③ 経営理念について

　この3つの柱について、職員全員から意見を書いてもらったものの一部が次の通りです。その後、それぞれの意見を基に話し合いをもちました。

1．保育園は、子どもと親のためにあるってどんなこと？

・働く母親の社会参加に伴い、乳幼児が生活時間の大半を過ごす場を提供し、一人一人の保護者の状況を踏まえ、子どもと保護者の安定した関係に配慮して、保護者の養育力の向上など適切に行うのが保育園であるから。

・安全な保育をし、安心して預けられる場所。子どもにとって楽しい場所であること。

・保護者にとっては、子どもが生活習慣を身に着け、成長する場所。

・子どもにとっては、家庭の次に安らげる場所であること。（生きるための基本的なことを身につける）

・子どもにとっては、遊びが充実して楽しめる場所であること。

・保護者が子育てをできない時間を代わりにサポートする場所であること。

・保育に欠ける子どもの保育を行い、その健全な心身の発達を目的とする児童福祉施設であり、最もふさわしい生活の場所であること。

2．保育園は、養護と教育の場であるってどんなこと？

・保育園は一人ひとりの子どもたちが快適に、健康で安全に過ごせるようにするとともに、生理的欲求が十分に満たされ、健康増進が積極的に図られるようにしなければならない。また、遊びを通し興味の広がりや自己調整する力がつき、その中で『学びの芽生え』を促していく場所であること。

・子どもの健康と安全を守り、子どもが安心して関わることができ、心や体を育てる場所であること。

・生活習慣を身につける場所であること。

・園生活を基に活動や体験を通して心情・意欲・態度を身につけ、就学の準備をする場所であること。

・5領域を基にして保育をする場所であること。

・基本的生活習慣を身につけ、友達との人間関係や発達段階にあった教育をする場所であること。

・自分でできることを増やし、また、様々な遊びや経験を通して楽しく学ぶことができる場所であること。

3．保育園は、地域とともにあるってどんなこと？

・保育園は子育ての拠点として子育て家庭への保育園機能の開放や子育てに関する相談や援助の実施、子育て家庭の交流の場の提供や促進、地域の子育て支援に関する情報の提供をしたり、一時保育・地域の要保護児童への対応など、地域の子どもをめぐる諸課題に対し関係機関などと連携・協力して取り組めるように努めている場所。

・七夕・お遊戯会・高齢者施設等の慰問などの行事を通して、園の窓口を広げて保育園をみてもらう。

・敬老参観やお遊戯会の発表・子育て支援を続け、地域の人も参加できる行事を実施する。

・園の行事などを通して、地域の方々と接し、地域の活性化にもつながるということ。

・気軽にいつでも保育園に見学に来ることができ、子育て支援もたくさんの人が利用していただける場所。

・子育て支援など保育園や幼稚園に入園していない親子に少しでも集団あそびを経験させることで、もっと身近に感じてもらえるということ。

・地域に良い保育園があるということは、そこに住んでいる人たちが安心して子どもを預けられるし、評判を聞いてそこへ住む人も多くなり地域の活性化につながる。

　理念を具現化していくのは職員それぞれであり、意見共有をすることは貴重な時間となりました。予想以上に捉え方がたくさんあることに当時は驚きを感じていました。それらを踏まえ職員全員で守るべき行動指針を次のように作成しました。

④　**行動指針（クレド）について**

　1．笑顔（あいさつ）を大切にする

　2．「ありがとう」「いいね」のことばを大切にする

　3．個性的な仲間を認め合う

　4．園内に職員の派閥（グループ）をつくらない

　5．嘘をつかない（自分、仕事、他人）

　6．公私混同をせず、先輩を敬う

　7．保育の違いに気づいたら、すぐに確認・質問する。自分だけの物　差しで接しない

　8．人の悪口を言わない

　9．期限厳守

　10．身につけたい7つの習慣の実践

　11．他人と過去は変えられない。自分と未来は変えられる

　12．心身共に健康である

作成した当初は8項目でしたが最終的（2、3年後）には12項目に落ち着きました。園では毎月1個のクレドを当月の目標としています。簡単なことでもなかなか行動できないものですが、職員全員で取り組んでいます。特に近年は新型コロナウイルス感染拡大防止対策のために、行事のへの取り組み方など様々な問題が発生することになりましたが、その都度、理念、行動指針に照らし合わせて考えることができ、その存在価値をあらためて感じることができました。

⑤　**職員スローガン（3S）について**

　私が大好きな東京ディズニーリゾートでは、Safety（安全）、Courtesy（礼儀正しさ）、Show（ショー）、Efficiency（効率）という4つの行動基準を設けています。この4つの鍵を、それぞれの頭文字をとって"SCSE"

と呼んでおり、これらは優先順位の高い順に並んでいます。"SCSE"の優先順位を守り行動することによって、ゲストにハピネス（幸福感）を提供することができます。この考え方に共感した私は園でもまねできるのではないかと思い、すぐに園のスローガンとして取り組むことにしました。その後、園の実態に合わせ、現在はSafety（安全）Smile（笑顔）Service（サービス）、それぞれの頭文字をとって3Sとすることにしました。このスローガンとクレドを名刺サイズのカードに印刷して、毎年職員全員に配布しています。ただ、スローガンやクレドは、今後の園を取り巻く環境などによっては変わっていくことは十分考えられることです。

(5)　今、目指しているもの

　あなたは、誰かの支援者ですか。私は、自分の身近な家族、職員、友人、会社の支援者となりたいです。

ア　メンターの役割

　メンターとは、事業を成功させるのではなく、事業を成功させることができる人を育てる人です。そのために、厳しい制約条件を乗り越えて、夢ややりたいことを実現するために教えるよりも、やる気にさせることが大切です。そして、相手にとって真の支援者であり、夢を実現しようとする人にとって最も信頼できる存在のことです。管理（コントロール）するのではなく支援（メンタリング）することです。

・支援とは本人のやる気を引き出すこと
・やらせるのではなく、やる気にさせる
・本人が自分の力で困難を乗り越えていくことができるように導く
・本人のために尽くす、励ます、感謝する、学ぶ、きっかけをつくる、自分の出番を探す、一緒に悩む、一緒に感動する、一緒に泣く
・あくまでも本人が主役

イ　メンターの支援の仕方

　私はメンターとは支援することがすべて（100％）だと考えていましたが、福島正伸さんは見本（70）、信頼（20）、支援（10）であると言っています。その見本となる人も「完璧」である必要はなく、むしろ「完璧」ではない方がいいとも言っています。では、なぜ「見本」が大事かというと、

　問い：「聞く」・「聞かない」のどちらかを「　　　」に入れてみてください。

①　あなたを力ずくで変えようとする人の話は　　　　「　　　　　　」
②　あなたは自分でやってもいない人のアドバイスは「　　　　　　」
③　あなたは自分が尊敬している人の言うことは　　　「　　　　　　」
④　あなたは信頼している人の言うことは　　　　　　「　　　　　　」

　人は、「言葉」を聞いていません。相手の「心」を見ています。人を変えたければ自分を変えることです。支援は見本となり、信頼されて初めて始まるのです。

ウ　メンターの心得（福島正伸著『メンタリング・マネジメント』より）

　褒めても、叱りつけても

　どのように接したとしても

　人は、それに応じた育ち方をする

　子をみれば、親がわかり

　部下をみれば、上司がわかり

　社員をみれば、社長がわかる

　人が勝手に一人で育つことはない

　人は育てたように育っている

　自分の周りにいる人は、自分の鏡である

　相手がそうしているのは、自分がそうしてきたから

　相手が本気にならないのは、自分が本気になっていないから

　怒らないとやらないのは、怒ってやらせてきたから

　　まわりが助けてくれないのは、自分がまわりを助けてこなかったから

　　部下が上司を信頼しないのは、上司が部下を信頼してこなかったから

　　収入が少ないのは、価値を与えていないから

　　つまり

　　得るものを変えるためには、まず与えるものを変えれば良い

　　他人を変えたければ、自分を変えれば良い

　　人を育てたければ、自分が育つ姿を見せることである

　以上を踏まえ、私の周りの家族、友人、職員を含めたすべての人の笑顔をみるために、これからも学び続けたいと思います。

（引用・参考文献）

１）ウイリアム・グラッサー『グラッサー博士の選択理論』柿谷正期（訳）
　　アチーブメント出版、2021年

２）ウイリアム・グラッサー、カーリーン・グラッサー（著）柿谷正期（訳）
　　『人生が変わる魔法の言葉──親と子・夫と妻・恋人たちのMiracle
　　Words』アチーブメント出版、2006年

３）鎌田洋『ディズニー ありがとうの神様が教えてくれたこと』ソフ
　　トバンククリエイティブ、2013年

４）福島正伸『メンタリング・マネジメント──共感と信頼の人材育成
　　術』ダイヤモンド社、2005年

５）福島文二郎『９割がバイトでも最高の感動が生まれる ディズニー
　　のホスピタリティ』中経出版、2011年

６）リカルド・セムラー（著）、岩元貴久（訳）『奇跡の経営 一週間毎
　　日が週末発想のススメ』総合法令出版、2006年

７）吉田幸弘『リーダーの一流、二流、三流』明日香出版社、2017年

〈コラム3　大規模災害〉

　忘れもしない11年前の2011年（平成23年）3月11日（金曜日）14時46分に発生した東日本大震災。私が住む八戸市は震度5強。主任と私が会議のため会場のホテルに向かっていた途中でそれは起きました。運転中でしたが車が大きく揺れ、地震の大きさを身をもって実感しました。そこで、揺れが収まるまでいったん車を止め、収まると同時に主任と園にすぐに戻りましたが、途中の信号はすべて消えていました。園に戻ると、次の日の卒園式のために飾っていた生花が台ごとすべて倒れ、その中で職員は園児たちを帰す準備をしていました。ライフラインがすべて止まり、連絡手段がなくなっていましたが、次々と保護者が迎えにきてくれました。年長児の保護者には明日の卒園式を延期することを伝えました。刻々と外は暗くなり寒さも増してきました。ある程度落ち着いた頃にパートの職員を帰宅させ、常勤職員だけで残りの園児と園で待機することとしました。情報収集に近くの消防署に聞きにいったものの、まったく分からない状態でした。そのころには、すでに園から1キロほどの川は津波で写真のような状態で、近隣の園は建物の半分は水没していました。（右は次の日の様子です）

　暗くなる前に避難所の小学校に数名の園児と職員で移動することにしました。学校の体育館は懐中電灯の明かりが見えるだけでかなり心細かったことを覚えています。夜になって最後の園児の保護者と連絡が取れ、祖父の自宅に送り届けることができ、解散したのは深夜になっ

ていました。職員の中には帰宅できなくなり、そのまま体育館で一夜を過ごすことになった者もいました。大きな被害もなくこの日を終えることができました。

　この経験を踏まえ、緊急時の移動先などの保護者への周知、メール配信の整備、非常電源装置の増設、非常食の備蓄、非常災害対策計画の見直し、全園児と職員で年１、２回避難所の小学校までの避難訓練（夏、冬）などを再点検することにしました。

　大震災後、日本全国で地震や水害による被害は毎年のように起こっています。最近は、この地域では地震も頻繁に起こっています。「天災は忘れた頃にやってくる」を肝に銘じ、日々安心・安全に心がけ、保育に取り組んでいきたいと考えています。

東日本大震災 八戸市の記録 画像集①　八戸市の被害（city.hachinohe.aomori.jp）
https://www.city.hachinohe.aomori.jp/section/bousai/shinsai_dvd/photo-a/a01.
html

2　管理職のメンタルヘルス

　管理職のメンタルヘルス（心の健康）には、2つの側面があります。1つは、管理職が自分のメンタルヘルスを良好に保つことです。もう1つは、管理職が職員のメンタルヘルスに気を配り、不調の兆しに気づいて早めにケアを行い、職員のメンタルヘルスがよい状態でいられるように努めることです。

　といっても、これは管理職が孤軍奮闘して、職場のメンタルヘルスを支えるということではありません。管理職が一人ひとりのメンタルヘルスを気にかけることを通して、職場全体の雰囲気を作ることを意味します。職場でお互いが心の健康に気遣うようになれば、それは結果として、管理職自身のメンタルヘルスを良好に保つことにつながります。

(1)　メンタルヘルスのケア

　保育職、教育職は、医療や福祉などと並ぶ対人援助職です。これらの対人援助職には、特有の職業ストレスがあり、離職や燃えつき（バーンアウト）、メンタルヘルスの不調や精神疾患にかかるリスクを抱えています。そのため、対人援助職に就く人は、日ごろから自分のメンタルヘルスに注意を払っておく必要があります。

　メンタルヘルスに注意する必要があるのは、対人援助職だけに限りません。今や日本では、労働者のメンタルヘルスを良好に保つことが、大きな課題となっています。

　2000年代から急速に進展したグローバル化とIT化により、経済状況や労働環境が大きく変化した結果、労働者のメンタルヘルスが悪化したことが数々の統計調査で明らかになりました。精神疾患による休職者の増加や働き手世代の人たちの自殺数の増大などです。その結果、国を挙げて、労働者のメンタルヘルスに取り組む必要が出てきたのです。

　厚生労働省は、2006年に「労働者の心の健康の保持増進のための指針」（以下「メンタルヘルス指針」といいます。）を策定し、その中で、職場

におけるメンタルヘルスケア（心の健康への取組み）を定めました。これは、4つのメンタルヘルスケアとして、まとめられています。

　この節では、その中の2つのケア、セルフ・ケア（自分でストレスをケアする）とラインによるケア（管理職が職場のメンバーをケアする）を中心に、管理職にある保育者が、どのように自分や職員のメンタルヘルスを保つか、考えていきたいと思います。

　メンタルヘルス指針が定める4つのケアは次に掲げるとおりです。

① 　セルフ・ケア

② 　ラインによるケア

③ 　事業場内産業スタッフ等によるケア

④ 　事業場外資源によるケア

　用語がわかりにくいのですが、メンタルヘルスに取り組む人や組織の順に、①が個人、②が管理職、③が部門、④が外部の専門機関となります。大まかに言いかえると、

① 　個人がケアする

② 　管理職がケアする

③ 　職場の部門がケアする

④ 　外部の専門機関がケアする

となります。

　先に、③と④を簡単に述べて、その後①と②について詳しく説明します。

　③事業場内産業スタッフ等によるケアは、会社内に産業医や保健師、社内で選ばれた衛生管理者がいることが前提です。社内に衛生管理部門が置かれている会社では、社員の健康管理の一環として、部門のスタッフがケアに取り組むことになります。実際、そうした部門を持つ保育施設は少ないでしょう。メンタルヘルス指針では労働者が50人以下の職場では努力義務となっており、その場合、職場の誰かを「メンタルヘルス

推進担当者」とするとなっています。多くの場合、園長がなると思われます。主な仕事は、職場のメンタルヘルス対策を立て、それを実行することです。これも、対策を立てるところから、外部の専門機関に委ねているところが多いのではないでしょうか。これは④事業場外資源（外部の専門機関）によるケアにあたります。

　ですから、④外部の専門機関によるケアと、③の部門によるケアが一緒になって職場のメンタルヘルスに当たっているのが実情だといえましょう。

　保育施設では、地域の保健師、医師、PSW（精神保健福祉士）、臨床心理士などと日ごろから連携を密にしておくことが大事です。例えば、外部の専門家が保育施設を訪問し、子どもや保護者の相談にあたることがあります。そうした機会に、外部の専門家が職員の相談をコンサルテーションすることに加えて、職員のメンタルヘルスを相談できる場として利用することができます。

(2)　セルフ・ケア

　セルフ・ケアは、文字通り、心の健康を自分で保つことです。誰もがある程度、心の健康を保つための工夫を行っていると思います。しかし、普段はそれを自覚していないことがほとんどでしょう。セルフ・ケアでは、これを段階にそって自覚的に行います。

　セルフ・ケアは、大きく分けて次の2つのことから成っています。まず、㋐　心の状態に気づくこと。心の状態に応じて、㋑　ストレスに対処することです。

　セルフ・ケアの目的は、心の健康を損なう不調（メンタルヘルス不調）に早めに気づき、それを自分でできる範囲で手当てすることです。不調をあらかじめ予防することも含まれます。不調の芽を放っておかずに、その都度対応して、心の健康を保つことを目指します。

ア　心の状態に気づく

　心の状態に気づくには、いくつかのポイントがあります。メンタルヘルス対策では、ストレスチェックを行うことを推奨しています。ストレスチェックは、改正労働者法により、従業員数が50人以上の職場では義務付けられています。もちろん、ストレスチェックを行って、結果をフィードバックし、対策を立てることも効果があります。しかし、制度としてストレスチェックを行っている保育施設は少ないでしょうし、チェックの結果をセルフ・ケアにつなげる説明が具体的でないこともあります。ここでは、いくつかのポイントに絞って、自分の心の健康に気づくためのポイントについて説明します。①　疲れに気づく、②　睡眠、食事、興味・関心、③　気分、の3つです。

①　疲れに気づく

　疲れは、メンタルヘルスに限らず、体の状態も含めたすべての不調の兆しです。普段の調子を知り、疲れがどのぐらい溜まっているか気づくことが最初のポイントになります。

　「今、疲れているだろうか？」と自分に問いかけてみましょう。あるいは、人から「疲れている？」と尋ねられたとき、とっさにどう答えるか思い浮かべてみましょう。疲れていないと思えれば、今は疲れを感じていない状態ですから、それを自覚しておきます。逆に、疲れをかなり感じていれば、すぐ「疲れている」と答えられるでしょう。どちらか、よくわからないときもあると思います。元気だとは言えないけれど、疲れたとも言えない、そんな状態です。そうしたときも、今はどちらとも言えない状態だと自覚しておきます。

　今の疲れがどうであるかに気づいたら、次に一日のうちで、疲れがどう変化するかを見ておきます。仕事の終わりには心地よい疲れを感じていて、夜、疲れたと思いつつ、一晩寝れば翌朝は疲れが取れている、それが理想の状態です。朝、起きたときから疲れていると感じられるなら、すでに要注意の状態です。

　朝、起きて支度をし、仕事に向かうときはどうでしょう。日中、仕事をしているときにも、どの時間で疲れを感じるでしょうか。朝は疲れを感じていないのに、仕事をしていると、どんどん疲れが溜まっていき、終わるころにはかなり疲れているという日もあるかもしれません。

　疲れを感じたら、その疲れがどのくらい続いているかも考えましょう。今日だけか、3日間ぐらいか、それとも、1週間は疲れが続いているでしょうか。疲れている期間が長ければ、それだけメンタルヘルスの不調に陥っている可能性が高くなります。他のチェックポイントも確認しながら、イに述べる対処ができているか確認してください。疲れがとれないまま2週間以上たっているときは、休みをとることを考えてください。疲れの原因について思い当たることもあるでしょうし、取り立てて原因がわからないこともあるでしょう。

　いずれにせよ、2週間以上疲れた状態が続くのは、不調のサインですので、すぐに対応してほしいと思います。対応はイ　ストレスへの対処で述べますが、自分以外のサポートを求める段階にあると考えてください。

② 　睡眠、食事、興味・関心

　この3つは、心の健康が損なわれたとき、真っ先に変化が表れる項目です。ふだんからこの3つの状態を意識しておくことで、不調になりかけた状態に気づき、対応することができます。

睡眠

　睡眠では、寝つき、寝起きと、途中で起きてしまっているか、朝早くに目が覚めてしまうかどうか、起きた後にぐっすり眠れた感じがするかに注意しましょう。心配や不安があって緊張が続いていると、誰でも一時的に寝つきが悪くなったり、眠れなくなったりします。寝足りない感じが残り、すぐに横になりたくなることもあるでしょう。心配事があったその日一日で済めばよいのですが、何日も睡眠の状態が変わって元に戻らないようなら、要注意と考えてください。

　眠りは、ストレスに対処するもっとも優れた方法です。日ごろから質の良い睡眠をとることを心がけるだけでも、メンタルヘルスを整えることができます。ですから、睡眠がうまくとれないことは、メンタルヘルス不調の表れとして見過ごせません。

食事

　次に注意する点は、食事です。ストレスが重なって心に負担がかかると、食欲が変わり、食べる量も変わります。食欲がなくなる、いわゆる食事が喉を通らないという場合が多いのですが、人によっては、逆に食欲が湧いていくら食べても満腹感が得られない状態になる人もいます。食べていても味がしない、食べることに楽しさが感じられないという形で表れることもあります。睡眠と同じく、食事の変化がどのくらい続いているかに注意して、2週間以上続くようなら、何かストレスがかかっていないか確かめましょう。ほとんどの場合、心配や不安、困ったことなどが日常生活や職場で起きているはずです。

興味・関心

　興味・関心というのは、自分が興味を持ち、関心を向けていることに対して、いつもと同じように楽しめているかどうか確かめることです。趣味や気晴らしがいつものように楽しめているか？と自分に問いかけてみましょう。別のことに興味・関心が移っているだけなら、あまり問題ではありません。興味・関心が減ってしまっているならば問題です。大げさに趣味と言わずとも、今までしていたことで気晴らしになっていたこと、食後にテレビをみるとか、子どもと遊ぶといったことが億劫になり、やる気が起きなくなっていたら要注意です。

　楽しめない、つまらない、やりたい気持ちが起きてこない、という状態に気づいたなら、それがいつからなのかも考えます。睡眠や食事に変化はなくても、興味・関心にだけ変化が起きていることもあります。仕事ではどうかも考えてみましょう。仕事もプライベートも、何だかつまらない、意欲が湧かない、という状態になっていないでしょうか。こうした状態が続いているときには、抑うつ状態にあることがほとんどです。

抑うつ状態とは、原因もなく気持ちがふさいで落ち込んだ気分になり、憂うつな気分が続く状態で、この場合も２週間以上続いているようなら医療の助けを考える必要があります。

③　気分

　気分は今まで取り上げてきたチェック項目のすべてに関係します。気分は体験の背後にあって、常に自分の状態を意味づけているからです。今、どんな気分でいるだろうか？と注意を向けてください。良い、悪い、どちらでもない、といった気分の状態に気づくことはたやすくできると思います。問題は、気分がすぐれないとき、それがメンタルヘルス不調の兆しだと理解するのが難しいことです。重苦しい気分でいっぱいになってから不調に気づくのでは少し遅いのです。そこで、メンタルヘルス不調につながる気分の変化に気づくために、気分が切り替えられるか試してみることをお勧めします。

　気分がすぐれないとき、良い気分でいるときのことを思い出せるかどうか試してみましょう。気分を思い出すのは難しいので、楽しいこと、興味が持てることを思い出せるか、考えてみてください。今の気分をいったん置いておいて、違う気分のことを思い浮かべみるのです。過去のことや、これからの予定のことでかまいません。あの時は楽しかったな、と思い浮かべられるでしょうか。あるいは、今週末に楽しい予定があって、それを思い浮かべると少し気分が良くなるな、と感じられるでしょうか。これを試してみると、今の気分がどのくらい固定した状態にあるか確かめることができます。重苦しく嫌な気分にいるときでも、わずかな時間、他の気分について思い浮かべられるのならば、メンタルヘルス不調の程度はそれほ深刻ではありません。逆に、なかなか他の気分が思い浮かべられないようなら、メンタルヘルスは良好な状態とは言えず、十分に対応を考える必要があります。

イ　ストレスに対処する

　メンタルヘルスの状態に気づいたら、その時々の状態に応じて、対応を考えます。対応には、日ごろからやっておいた方がいいことと、不調の兆しがあったときに、すぐ対応しなければならないことがあります。どちらも対応の中心は、ストレスへの対処として知られている方法です。メンタルヘルスの不調に、ストレスとその対処が関連しているためです。

　ストレスは誰もが使う言葉になっていますが、厳密に定義しようとすると意外に難しい言葉です。何がストレスになるか、そのストレスが実際に不調を引き起こすかどうか、個人の状況によって大きく異なるからです。ここでは大まかに、その人にとって、緊張や不安を引き起こす出来事や状況のことをストレスと定義します。

　対処というのは、ストレスに対して行う、ありとあらゆる行動のことを言います。英語での言い方をそのまま使ってコーピングと言うこともあります。対処には、大きく分けて、ストレスの原因となっている問題に直接取り組む対処（問題焦点型対処）と、ストレスが引き起こしている感情に働きかける対処（情動焦点型対処）とがあります。

　ストレスになる出来事や状況は、具体的に問題として表れることもありますし、職場の環境が全体としてストレスになる場合のように、特定の問題に限られず、漠然とその人が置かれた状況のかたちをとることがあります。ストレスの原因が明確で、問題が何であるかはっきりわかるときには、問題の解決を目指す対処は有効です。しかし、多くの場合、解決の糸口が見えず、解決するのが難しい問題が立ちはだかっているときに、ストレスが生じていることが多いものです。

　そのときは、問題に直接取り組む対処から始めるのではなく、まずは感情に働きかけて、心の状態を整えることから進めるのが得策です。問題をいったん置いておき、休んだり、他のことを考えたり、気晴らしになること、つまり、情動焦点型対処を行うことが最初に行うべき対応になります。

　もちろん、ストレスの原因となる問題が明らかで、そこから目を背け

ているとさらにストレスが溜まる場合は、問題に向き合う必要があります。その場合でも、特に職場で問題に取り組むときには、自分だけで取り組むのではなく、周りにいる人の助けを借りながら解決を目指すことをお勧めします。周囲の助けがある状況そのものが、ストレスを軽くさせ、メンタルヘルスに良い状態をもたらすからです。

　ストレスへの対処ついて、以下に概略を示しておきます。心の状態をチェックし、不調の兆しが表れているときには、最初に、①他の人に話を聞いてもらったり、相談したりします。加えて、②休みがとれるか、休みをどうとるかを考えます。自分にできることとしては、③感情を整え、気持ちを楽にするための気晴らし、気分転換をやってみます。

対処①　他の人に自分の状態を話す

　ストレスへの対処で最初に考えることは、他の人に自分の状態を話してみることです。身近な人に自分の状態と、関連することをとにかく話してみて、自分の不調について聞いてもらうことです。ただ聞いてもらうだけでも、ストレスが軽くなることもあります。

　ストレスのきっかけになっている出来事や問題があれば、他の人に話を聞いてもらうことは特に大切になります。ここでのポイントは、ストレスを引き起こしている出来事や問題を解決しようとするのではなく、まず一通り話を聞いてもらうことを目的にすることです。話の内容によっては職場の人に話しづらいこともあるかもしれません。友人や家族でもよいので、いわゆる愚痴を聞いてもらえる人を探しましょう。

　他の人に相談することは、セルフ・ケアではないと思うかもしれませんが、自分から人の助けを求めて行動することがケアになるのです。

　職場の上司や同僚に、自分のつらい状況や困った問題を話すことができるだろうかと想像してみて、とても話せそうにないと思えるならば、それだけでも職場におけるメンタルヘルスはいい状態とは言えません。職場の中に、この人なら話ができるという人を見つけ、普段から仕事

191

の相談をしておくことも、本当に困ったときの対策として心がけておきたいものです。

　逆に、管理職の立場から言えば、困ったときに気軽に相談してもらえるような関係を築くことが大切だということになります。このことは次項で述べる、ラインによるケアの大事な役割になります。

　専門家への相談を考えてみることも必要です。とはいえ、精神科や心療内科など、病院や診療所に行くことを躊躇する人は多いと思います。病院にかかるほど悪くなってないと思いたい気持ちや、精神科や心療内科にかかること自体への抵抗がある人もいるでしょう。

　そんなときは、保育施設でお世話になっている医師に相談することもお勧めです。巡回相談などで日ごろから関係のある保健師や心理士に訊いてみることもできます。

　メンタルヘルスに限らず、心身の健康のことで専門家に相談する際には、この程度で病院に行くべきどうか、判断に迷う気持ちが起こるものです。自分の状態を大したことではないと考えたい気持ちが常にあると考えておくといいでしょう。ですから、他の人へ相談するとき、特に職場の上司や同僚に相談するときには、専門家に診てもらうことの是非を尋ねて、外部の相談を受けることへの後押しをしてもらうことも大事なことです。

対処②　休みをとる

　休みをとることは、最も大切で、最も効果があるストレスへの対処法です。しかし、いつでも簡単にできるように見えて、ストレスが大きい状況に置かれたとき、休むことが難しくなることがあります。ストレスがかかると、休んでも休めた気がしない、休んでもあれこれ考えてしまい休まらない、といった状態になりやすいからです。また、仕事を休めないという考えに縛られて、必要な休みをとらない、休むことを避ける、ということも起こりがちです。

　仕事の合間の休憩から、帰宅後にとる休みの時間、休日に疲れをとる

休みや有給を使ってとる休みの日まで、休みのとり方には幅があります。どのような形で休みをとるにせよ、メンタルヘルスのために休みをとるときには、意識して休む時間を確保することが肝心です。

体が動かせなくなったり、何をする気も起きなくなったりして、仕方なく休みをとるのではなく、不調の兆しに気づいたとき、積極的に休みをとるように心がけてください。

休みをとる際には、体、頭、心のどこが休めているかを考えましょう。

体を休めるには、横になるのが一番ですが、ソファにもたれてリラックスしたり、静かな場所で目を閉じたりするような、わずかな休みでも試してみてください。マッサージを受ける、お風呂に入るといったこともよいでしょう。散歩をするなど軽い運動をした方が体が休まるという人もいます。日中、仕事の合間の休憩に10分でも横になって、体を休めることができれば十分という人もいれば、短い時間休んでも、かえって疲れる気がして、まとまった時間がないと休みにならないという人もいると思います。自分にあった方法で体を休める時間をとるように考えてください。

体を休めることに比べ、頭と心を休めるのは少し難しいかもしれません。頭を休めるとは思考を休めること、心を休めるとは感情を鎮めることで、できれば何も考えず、ぼーっとするのが理想です。思考や感情については、何も考えない、何も思わないとすることの方が難しいことかもしれません。そんなときは、③に述べる気晴らしや気分転換をしてみる方が効果があることもあります。頭と心を休めるには、音楽を聞く、気の置けない人とおしゃべりをするのも良い方法です。

体に出るはっきりとしたサイン、例えば、熱が出る、動けない、風邪を引くといった症状がないかぎり、メンタルヘルスの不調やストレスで休みをとることへは抵抗があることでしょう。しかし、眠れない、食べられない、何をするのも億劫で憂うつな気分でいっぱいという精神症状でも、十分に休む理由になるのです。メンタルヘルスの不調がこれらの症状として表れている状態は、すでにかなり深刻な状態にあります。心

の健康が損なわれている状態です。こうなる前に、不調の兆しに気づき、早めに、こまめに休みをとることを心がけてください。

対処③　気晴らし、気分転換

　気晴らしや気分転換は、ストレスの対処には欠かせません。しかし、メンタルヘルスの不調の程度によっては、人に話したり、休みをとったりする対処が優先されます。メンタルヘルス不調に陥って、何もやる気が起きないときには、気分転換したくてもできないことが多いでしょう。休日に昼まで寝続けるなど、何もせずだらだら過ごすことも、ときには必要です。本当に疲れ切ってしまったときは、体の病気やケガをしたときと同じ対応、例えば風邪を引いたときの過ごし方と同じでよいのです。

　動けないほどの深刻な状態ではなく、不調の兆しに気づいていて、何かしたい気持ちが少しでもあるようなら、気晴らしや気分転換は有効な対処になります。

　そして、何の問題も不調もない普段の生活の中でも、気晴らしや気分転換を心がけているだけで、メンタルヘルス不調の予防に役立ちます。

　気晴らしや気分転換にはありとあらゆる方法があります。いろいろな方法を試してみて、自分に合った対処を知っておくことがお勧めです。簡単ですぐできることから、それをするために準備がいることまで様々です。深呼吸やストレッチ、風呂に入る、シャワーを浴びる、散歩をするといったことから、ジョギングをする、ジムに行って運動する、人によっては、買い物や旅行まで、すっきりした、心地よい、気持ちいい感覚を得られることを用意しておきましょう。

　自分から「したい」という気持ちが自然に湧いてきて、行なっている最中に、苦痛や重苦しさがないことが大切です。本当はやりたくないのに、健康にいいからと無理に運動するようなことは、かえってストレスを溜めてしまいます。子どもたちが遊びに夢中になっているときのように、それをすること自体に喜びや楽しみを感じる、そういう活動を探してください。

　1つだけ注意しておくことは、気晴らしや気分転換で行うことが依存にならないようにすることです。気晴らしにテレビを見たり、ゲームをしたりする人は多いと思います。お酒を飲むことやギャンブルをすることで、気晴らしをする人もいるでしょう。気分転換のためにしていることが、いつまでもやめられず、時間をとってしまい、終わった後に疲れとむなしさを感じるようならば、依存に陥っている可能性があります。気晴らしや気分転換で行うことは、時間がたったらやめられることが望ましい事柄です。

　気晴らしや気分転換に行うことのリスト（対処のリスト）を作っておくこともいいでしょう。時間があるときにはこれをする、ないときにはこれをする、と決めておき、そのときの状況でやることを変えていきます。対処のリストが豊富であるほど、良好なメンタルヘルスの維持に有効です。

⑶　ラインによるケア

　ラインによるケアでは、セルフ・ケアでしたことを、今度は職場のメンバーに対して行います。セルフ・ケアと違うことを特別にするのではありません。メンバーの心の状態に気づき、声をかけ、話を聞き、対応を考えます。ストレスの原因となっている問題があれば、一緒に解決の道を探ります。休みが必要ならば、休みがとれるように配慮します。

　セルフ・ケアとの違いがあるとすれば、もっぱら聞くことに専念すること、職場の環境や業務の改善を検討する必要があること、メンタルヘルスの不調で休職したメンバーが復帰するときの手順などです。職場環境や業務の検討については第3章の4節、5節で述べていますので、そちらを参照してください。職場復帰については、産業医や衛生管理部門を設けている会社ではそこが主に担当し、指示を受けながら進めていくことになります。保育施設の場合は、そのメンバーがかかっている専門家の指示に沿って進めてください。

⑷　話を聞く

　ラインによるケアでは、メンバーの話を聞くときの考え方が重要です。話を聞く際に最も肝心なこと、それは話を聞くときに、すぐにアドバイスや解決案を提示しないことです。

　まずは一通り話を聞いて、相談してきたメンバーの状態を確認します。問題や困難さが見てとれるときにも、その相手がこれまでどうしてきたか、これからどうしたいと考えているかを十分に聞いてください。気持ちに焦点を当てて聞くことも重要です。

　例えば、クラスのある子どもの対応が難しく、どうしたらいいかわからないという相談を新人の保育士から受けたとします。相談を受けたあなたは10年以上経験を積んだ保育士で、そのクラスを含めた学年の主任です。相談を受けた子どものことも、クラスの様子もよく知っていて、自分ならこんな対応をするのに、ここに注意をして関わったらうまくいくのに、という意見を持っていたとします。話を聞いて真っ先に考えるのは、対応の仕方をアドバイスすることではないでしょうか。それも悪い対応ではないのですが、相談してきた新人の「どうしたらいいのかわからない」という話には、「対応の仕方を教えてほしい」という意図がどのくらい含まれているのかを考えてみてください。

　うまく対応できなくて困っているという気持ちが、訴えたいことの中心にあるのだとすれば、「○○ちゃんの対応は難しくて大変だったでしょう」、「わからなくて困ったことを話してくれてありがとう」と応答する方が、話し手は気持ちを受け止めてもらえたと感じます。

　子どもの対応などのような保育技術の話が相談に含まれている場合、管理職や先輩保育士は自分の経験からアドバイスしてあげたくなるのは当然のことです。しかし、経験の少ない新人保育者は、自分の技術や経験が足りないことを常々感じていて、それを悪いことだと思い、できない自分のことを責める気持ちを持っていることを忘れずにいたいものです。誰でも初めはうまくできないものよ、と慰めたくなることもあるか

もしれません。自分だけが対応に困っているのではないと知ってもらうにはいい対応なのですが、それでは本人の困ったという気持ちは受け止めてもらえず、自分で気持ちを収めるしかありません。

こうしたアドバイスや助言は、話し手が話に込めた気持ちを汲み、そのとき考えていることを十分に聞きとって、初めて効果がある対応になります。

ただし、アドバイスや助言をしてはいけないと言っているわけではないことに注意してください。問題の解決を探る段階では、適切な方法を示して説明することは必要です。そこに至るまでの話の順番に気をつけてほしいのです。このことは、子どもたちに話を聞くときや、保護者のクレームに対応するときにも基本となる考え方ですから、本書でも何度も繰り返し説明しています。

また、困ったことや不安、心配を相談することは、実は勇気のいることだと心にとめておいてください。こんなことを話してダメな保育士と思われないだろうか、こんなことも知らないで馬鹿にされないだろうか、と話をする側は心配するものです。特に、新人や経験の浅い保育士が先輩や管理職に相談するとき、悪い評価をされるかもしれないという不安を持っていることを知っておきましょう。逆に、この人には、自分の弱いところ、足りないところをさらけ出しても安心できると思ってもらえるならば、相談することへの抵抗は小さくなります。相談しやすい雰囲気を普段から作っておくことで、職場でのメンタルヘルスがはっきりと向上します。

仕事において、新人や後輩に叱責や注意をする際にも、このことは重要です。知識不足や技術不足は、指摘して改善されるべき事柄ですが、それは相手を貶めたり悪い評価を下したりすることが目的ではなく、経験を積み、技術を向上させるために行うことです。足りないことやわからないことを本人の能力や資質に結びつけて考えるのではなく、知識や技術の問題として、これから学んでいく、身につけていく事柄と考えましょう。これから学んでいく伸びしろが大きい証と考えて接することで

す。これは、日々の保育で、子どもたちに接するときの考え方と同じです。

　こんなこともできないのか、これはもう身につけておいてほしい、と子どもたちに思ったことはないでしょうか。そう思っていても、子どもたちに対してなら、これから育っていく姿を考え、今の足りないところだけで評価することはしないでしょう。子どもたちに対してなら、これから成長していく姿としてとらえることができます。新人や若手に対しても、足りないことをすぐ評価に結びつけてしまわないよう注意したいものです。

　新人保育者の困難さだけではなく、メンタルヘルスに関わる心配や不安の対応においては、気軽に話ができる存在がある、話し合いができる職場の雰囲気があることは、何にも増して大切なので、あらためて強調しておきたいと思います。

（参考文献）

1）太田富美枝・太田光洋「保育者の苦悩 保育者同士の関係——感情のずれを乗り越える力（特集：今、保育者という仕事は）」『発達』30（118）、30-36、ミネルヴァ書房、2009年

2）垣内国光・東社協保育士会（編著）『保育者の現在』ミネルヴァ書房、2007年

3）上村眞生「保育士のメンタルヘルスに関する研究——保育士の経験年数に着目して」『保育学研究』50(1)、53-60、2012年

4）厚生労働省「職場における心の健康づくり——労働者の心の健康の保持増進のための指針」2015年

5）松村朋子「保育者のストレスに関する文献レビュー」『大阪総合保育大学紀要』(10)、203-214、2016年

6）文部科学省「教職員のメンタルヘルス対策について」2013年

3　新人をサポートする組織体制（研修、相談等）づくり

「3年間は、お給料もらって勉強していると思いなさい」。

これは4年前の横浜市泉区保育園園長会の中で、入職1年目の先生に何を望みますかというアンケート調査の結果の一部です。

このほかにも「環境が変わって大変だと思うから、健康に気をつけてほしい」という気遣いや、「1年間ともかく毎日元気に園に来てくれればそれでよい」という大胆な意見もありました。

求人難の折、採用した新人保育者に「頑張ってもらいたい」「長く一緒に働いてもらいたい」という気持ちは管理職なら誰もがみんな持つものです。多くの園では、そのために、園を挙げて、新人保育者を助け、育てる体制づくりをしているのではないでしょうか。

(1)　園全体としての取り組み

どこの保育施設でも、保育の質の確保・向上を目指し、新人保育者だけでなくすべての職員に対して「職員育成計画」を立てています。これは、それぞれの立場に応じて、必要な課題を明確にすることにより、全職員がより良く働くことができる大切な道しるべになっています。形式は各保育施設に任されていますが、それだけに「保育施設の考え方」が投影されており、「園の個性」がよくわかります。

まずは、実際の「職員育成計画」を見てみましょう。

S保育園　職員育成計画

基本的な考え方

1）基本方針をきちんと把握し、子どもの最大の利益を考え、小学校進学までに「10の姿」を見通した保育をすることができる

2）それぞれが立場を理解し、向上心を持ち、キャリアを積み重ねて成長できること

　①　無理をしない（焦らない）

---

②　本人が力を発揮できること

③　日々の積み上げの中で力をつけること

⑴　**初任職員　1～3年目**

《望まれる役割》

①　保育者としての自覚と、行動ができる

②　担任を補佐し、保育士としての役割を果たす

③　日々の保育で必要な書類の作成ができる

④　実践的な保育技術を習得する

⑤　社会人としての責任を持って行動する

《配慮・意識すること》

①　生活の流れと保育士の活動を知る

②　園の基本的な活動の意味と目的を知る

③　現場で直接、又は研修に出て保育技術を学ぶ

④　報告・連絡・相談を怠らない

《研修》

・園内研修　　　　　　【キャリアアップ研修】

・初任者研修　　　　　・乳児保育

・障害児支援基礎研修　・幼児保育

・苦情対策基礎研修　　・保育実践

《方法》

①　入職してから3か月ごとに、研修シートを使って、園長（主任）と面談して自己課題を発見、克服する方法を考える

②　作成した書類は園長（主任）に提出し、指導を受ける

(2)　ミドル（中堅）職員　（職務分野別リーダー）　4～7年目

《望まれる役割》

①　グループリーダー（係）としての自覚と役割を果たす

②　クラスリーダー・フロアリーダーの補佐

③　自分の不得意な部分を克服し、得意分野には積極的に取り組んで力を発揮する

④　最新の知識と技術を習得し、専門性のさらなる拡大と深化を図る

⑤　新人保育士の模範となる

《配慮・意識すること》

①　園活動の円滑な運営のため、流れを見通して対応する

②　クラスリーダー・フロアリーダーを助け、園の運営を担う

③　自らの保育を考慮し、質を向上させるため、研修・研究活動に参加する

④　園の中核となることを意識して業務改善、組織の活性化を推進する

⑤　手本となる行動を示し、後輩の助言・指導を行う

⑥　地域交流（老人ホーム訪問、町内会行事など）にリーダーとして参加する

《研修》

・中堅研修

・障害の理解研修

・児童虐待防止研修

・保育、教育理念講座

・実習指導者研修

・児童虐待防止研修

・リーダーシップ基礎研修

【キャリアアップ研修】

・障害児保育研修

・保護者支援・子育て支援研修

・食育・アレルギー対応研修

・保健衛生・安全対策研修

《方法》

①　マンネリ化しやすいので常に自己評価を行う

②　年度末に、園全体で行う自己評価を基に園長と面談し、課題解決や、今後の研修の方向を決める

⑶　ベテラン職員　（副主任保育士・専門リーダー）　8年目〜

《望まれる役割》

①　クラスリーダー・フロアリーダーとしての自覚と役割を果たす

②　主任の補佐

③　最新の知識と技術を習得し、後輩に伝える

④　専門性のさらなる拡大と深化を図り、後輩に伝える

⑤　園職員全体の模範となり、初任・中堅からの相談に応じ、助言をする

⑥　幼保小の連携事業に参加する

《配慮・意識すること》

①　全体の活動を見直し、組み立てていく

②　主任を助け、運営ではリーダーシップを発揮する

③　さらなる向上を目指し研鑽するとともに、後輩に助言・指導を行う

④　園のリーダーとして、業務改善、組織の活性化のリーダーシップをとる

⑤　園全体の模範となることを自覚して行動する

《研修》

・リーダー研修

・苦情対策研修

・カウンセリングマインド研修

【キャリアアップ研修】

・マネジメント研修

・保育・教育理念研修
・コミュニケーション研修
・プレゼンテーション研修
・インクルージョン保育の実践研修

《方法》
　①　常に自己評価を行い、リーダー同士が互いに意見交換をする
　②　年度末に園全体で行う自己評価を基に、園長と面談し、課題解
　　決や今後の研修の方向を決める

⑷　**主任**
《望まれる役割》
　①　園の基本方針を理解し、保育活動が円滑に進むようリーダー
　　シップをとる
　②　園長を補佐し、園長不在の時は園長の代わりをする
　③　職員間の人間関係の調整を行い、園長を助けて全員が気持よく
　　仕事ができる環境づくりをする

《配慮・意識すること》
　①　全体の流れを把握し、見通しを立てる
　②　フロア会議に参加して意見の調整を行う
　③　園職員全体からの相談に応じ、助言をする
　④　園長の代理として、地域交流・幼保小連携事業に園代表として
　　参加する

《研修》
・主任対象の研修　　　　　・自己研究
・外部研究員　　　　　　　・研究発表

・プレゼンテーション研修

・業務マニュアル作成・活用研修

《方法》

　①　常に自己評価を行い、園長と意見交換をする

　②　年度末に園全体で行う自己評価を基に、園長と面談し、自己の

　　　在り方を確認する

⑸　**園長（指導職員・管理者）**

《望まれる役割》

　①　園の代表として、すべてについて責任を負う

　②　園の状況を正確にとらえ、園の目標の達成度を常に把握して、

　　　全職員の指導に当たる

　③　全員が充分に力を発揮しているか否か確認する

《配慮・意識すること》

　①　園長としての役割を自覚し、全職員に気を配る

　②　日案・月案等を確認・指導して、園の現状を把握し、役割分担

　　　や行事の流れに滞りがないか点検して不備な点は修正する

　③　全員が力を発揮できるような場面設定や提案を行い、全員が気

　　　持ちよく仕事ができる環境づくりをする

《研修》

・園長、施設長研修　　　　　・リスクマネジメント研修

・法令関係研修　　　　　　　・苦情対応研修

・研究発表　　　　　　　　　・専門機関での発信

《方法》
① 　常に自己評価を行い、主任に意見を求める
② 　年度末に園全体で行う自己評価を基に、職員と面談し、自己の
　　在り方を確認する
③ 　年度末に園全体で行う自己評価を基に、理事長と面談し、自己
　　の在り方を確認する

(2)　職員育成計画の特徴

① 　新人保育者から園長まで段階的にそれぞれ望まれる役割、配慮・
　　意識すること、研修、方法と項目別に明記されています。
② 　「役割」は組織の中で何をするか、「配慮・意識」はその人が気を
　　つけること、「研修」は一般的な研修と処遇改善に結びつくキャリ
　　アアップ研修に分け、「方法」は計画を進めていくときの注意、と
　　理解することができます。
③ 　新人保育者から園長まで記載されている為、それぞれの役割を把
　　握することができます。
④ 　新人保育者から、園長まで記載されている為、自分がこの先どの
　　ようなステップを踏んでいくのか、大まかな予想ができ、見通しが
　　立ちます。

(3)　新人保育者の育成について

　それでは具体的に、園では新人保育者にどんなことを求め、どのよう
なサポート体制をとっているのでしょう。

基本的な考え方
１）基本方針をきちんと把握し、子どもの最大の利益を考え、小学校
　　進学までに「10の姿」を見通した保育をすることができる
２）それぞれが立場を理解し、向上心を持ち、キャリアを積み重ねて

成長できること

① 無理をしない（焦らない）

② 本人が力を発揮できること

③ 日々の積み上げの中で力をつけること

　基本的な考え方を明確にするために、1）で目的を示し、2）で具体的に注意することが書かれています。これらを読むことによって、新人保育者だけでなく、園全体で、それぞれの職員が経験に応じた自分の立場を客観的にとらえることができます。

　初任職員については次のように書かれています。

（1）初任職員　1～3年目

《望まれる役割》

① 保育者としての自覚と、行動ができる

② 担任を補佐し、保育士としての役割を果たす

③ 日々の保育で必要な書類の作成ができる

④ 実践的な保育技術を習得する

⑤ 社会人としての責任を持って行動する

　この役割を実行するために、

《配慮・意識すること》

① 生活の流れと保育士の活動を知る

② 園の基本的な活動の意味と目的を知る

③ 現場で直接、又は研修に出て保育技術を学ぶ

④ 報告・連絡・相談を怠らない

　自ら注意して、取り組むことが書かれており、それらをサポートすることとして、他の先輩職員それぞれがどんなフォローをするのか、次のように書かれています。

　（2）ミドル（中堅）職員は、「新人保育士の模範となり、手本となる

行動を示し、後輩の助言・指導を行う」

(3)　ベテラン職員は「初任・中堅からの相談に応じ、助言をする」

(4)　主任は、「職員間の人間関係の調整を行い、園長を助けて全員が気持よく仕事ができる環境づくりをする」

(5)　園長は、「全員が充分に力を発揮しているか否か確認し、園の現状を把握し、全員が力を発揮できるような場面設定や提案を行い、全員が気持よく仕事ができる環境づくりをする」

つまり、それぞれの人が経験年数や役職によって、新人保育者を助ける仕組みができているのです。

《研修》
・園内研修　　　　　　　【キャリアアップ研修】
・初任者研修　　　　　　・乳児保育
・障害児支援基礎研修　　・幼児保育
・苦情対策基礎研修　　　・保育実践

新しい知識を得たり、実践的な保育方法などを知るために、園内外の実習にも参加することが勧められています。保育者養成校とは違い、実際の問題解決のために知識を得ることは実践力の向上に、そしてそれは新人保育者の自信に繋がっていくのです。

《方法》
①　入職してから3か月ごとに、研修シートを使って、園長（主任）と面談して自己課題を発見、克服する方法を考える
②　作成した書類は園長（主任）に提出し、指導を受ける

このように、具体的な方法が明確になっています。定期的に、新人保育者のフォローをしていくことができ、直接主任や園長と会話をする機会が与えられていることがわかります。

(4)　現場の実際　　新人保育者のスタート

　研修の体制としては確立されていますが、実際はどうでしょうか。

　保育者養成校に毎日頑張って通って勉強し、大変な実習を乗り越え、資格を取得し、採用試験に通ってやっと保育者になるという「夢の実現」を果たした新人保育者は、いわば就職の「勝者」であるはずです。憧れの仕事に就いた新人保育者は、どんな悩みを持ち、どのようなサポートを必要としているのでしょう。

　実際に、入職1年目の保育者はどのような仕事が任されているのでしょうか。

　　ア）保育園・認定こども園では、複数担任である乳児クラスの担任や幼児クラスの副担任、幼稚園では副担任やフリーとして1年間勤務することが多い

　　イ）新卒の4月から1人で担任を任される

　ア）は、先輩保育者の保育を見ながら学んでいくことができ、自分1人でクラス運営をする重責は軽減されますが、先輩保育者との人間関係がうまくいかなくて、悩むこともあります。

　イ）は、常にだれかと一緒にいるというプレッシャーがなく、自分がやってみたいと思う保育を実践することができますが、書類の作成や制作物の準備など1人で行うことが多く、責任の重さを感じて悩むこともあります。また、新人保育者でもスキルのある他の職員と同じように仕事を任せられる、という大変さがあるかもしれません。

(5)　サポートを必要とする悩みについて

　実際にどのような悩みがあり、サポートが必要なのでしょう。もう一度、現場の実際から具体的に記載します。

①　保育スキルについて

　ただ子どもと一緒に遊ぶだけではなく、5領域をもとに10の姿を見通した援助や、クラスをまとめるリーダーシップが求められるので、実習

やアルバイトの経験では得られない「担任の仕事」に戸惑いを持つことがあるでしょう。

・子どもとどう関わればよいかわからない

・子どもが話を聞いてくれない

・子どもの危険を回避できない

② **事務や雑務の仕事が多い**

　保育の計画や保育日誌、連絡帳の記入といった書類の作成や、園内や保育室の掃除、飼育している動物の世話や栽培している植物の手入れなど、保育者の仕事は多岐にわたっています。その他にも、教材の発注や遊具の点検など保育以外に時間を費やすことが多いのです。

　保育だけでも手一杯なのに、子どもと関わること以外でも負担を感じ、苦しむことがあるかもしれません。

・なかなか書類が書けない

・掃除や片づけの方法を覚えられない

・苦手なことはいつも同じ失敗をしてしまう

③ **人間関係に悩む**

　2人以上の人間が集まれば、必ず生まれるのが「人間関係」の悩みです。保育の仕事は職員同士の連携が求められますので、「人間関係」は働く人にとっては大問題です。

・何がわからないのか、わからないことが何かもわからない

・先輩や上司に萎縮してしまい、相談や質問ができない

・質問すると、嫌みを言われたり冷たく返されたりする

④ **保護者対応が難しい**

　新人保育者にとってほとんどの保護者は年上のため、話しにくかったり、逆に上から目線で話しかけられたりすることがあるかもしれません。年上でありながら、人として成長が見られない保護者、支援が必要な保護者もいます。

⑤ **残業や持ち帰り仕事が多い**

　1年目はうまく仕事をこなすことができず、勤務時間内に仕事が終わ

らなかったり、持ち帰り仕事が増えてしまうこともあると思います。

　・勤務時間内に仕事が終わらず、家に持ち帰ってしまう

　・書類の作成や保育の準備に時間が掛かり過ぎてしまう

⑥　**体調管理ができない**

　社会人になれば、夜型生活の学生時代が一転し、規則正しい生活が当たり前になりますが、「朝起きる」「夜寝る」という当たり前の生活スタイル自体、送ることができない若者もたくさんいます。それに加え、保育は早番や遅番など不規則なシフトに加え、体力も必要です。規則正しい生活と健康管理は、新人保育者の悩みの種かもしれません。

　しかも、新人保育者は、新しい環境への緊張から、子どもの病気に罹患することも多いのです。

　・風邪や体調不良で休んでしまうことが申し訳ない

　・いつも疲れていて、ミスをしてしまう

　・1日中働くとくたくたになり、休んでも疲れが取れない

(6)　**実際のサポート体制**

　たくさんの悩みは、大きく分けると「自分自身の問題」と「園が解決する問題」に分けられますが、はっきり区別するのは難しく、重なり合う部分が多いのが特徴です。

　・自分自身の問題　　①保育スキル　⑤持ち帰り仕事　⑥体調管理

　・園の方針等の問題　②事務・雑務の仕事　③人間関係　④保護者対応

ア　**相談によるサポート**

①　**定期的に相談ができるシステムの構築**

　「いつでも、だれでも相談に乗りますよ」と言われても、なかなか弱音を吐けないのが新人保育者です。普段挨拶を交わすだけの先輩保育者より、同じクラスの担任の先輩保育者の方が話しやすいに違いありません。「困ったことがあったら、教えてね」「疲れてない？」などの声かけ

は、それだけで「何かあった時は、力になってくれる」という安心感に
もつながります。

　「みんなで声を掛け合う」ことを組織に組み込み、定期的にクラスリー
ダー、主任、園長が懇談（面接）する、週1回クラス内会議を開く、な
ど、新人保育者が悶々と苦しむ前に、原因となることについて解決策を
一緒に考えたり、解決方法を伝授したりすることができます。

② **同僚→先輩→主任→園長の相談システム**

　新人保育者が困っていたり悩んでいたりすることを同僚が知った時、
自分では手に負えないと思ったら、すぐに先輩保育者に相談し、先輩保
育者でも解決が難しいという時には、主任に相談をしましょう。主任で
も対応が難しくなったときは園長につなぐ、という方式を園の中に確立
しておくと、新人保育者は色々な人の考えに触れることができ、また園
全体で問題を解決していくことができます。

③ **カウンセラーに相談する**

　園の中には、職員の福利厚生の一端として、定期的にカウンセラーに
相談することができるシステムを作っているところもあります。カウン
セリングを受けて、心の持ち方を変えたり、自己解決のヒントを貰った
りすることができます。

イ　研修による改善へ

　「保育所保育指針」にも、組織としての研修体制の強化が求められて
おり、実施体制を整えることについては、園の責務が大きいことが示さ
れています。

　研修は大きく分けて、園外で行われる園外研修（自己の興味関心によ
る研修と、処遇改善に結びつくキャリアアップ研修）と園内で行われる
園内研修があります。

　園外研修では、研修に出ることによって

　①　新しい知識や考え方、技術などが習得できるので、スキルが上が
　　り、それが保育者としての自信に結び付きます。

② 違った考え方（新しい価値観）を構築することができ、日々の保育に対する考え方の幅が広くなり、悩んでいたことの解決の糸口が見つかります。

③ 同じような仲間と意見交換をすることにより、自分の立場を客観的に捉えたり、自園の良さに気付いたりすることができます。

園内研修では、

① 外部講師を交えた研修では、園全体で新しい知識、考え方、助言などの情報を共有することができます。

② また、各分野の専門家の視点や助言などを基に保育者が自ら子どもの見方を再検討したり、保育を改善する手がかりを得たりすることができます。

③ 内部講師や職員同士が協働で行う場合は、互いの思いに共感したり、意見の交換をしたりして、園の保育を改善していくとともに、保育者同士の専門性の高め合いが図られます。

日々の生活に追われますが、無理のない範囲で研修に参加し、学び、自分の保育のスキルを高めることはとても重要です。「学ぶ」ということは、新しい価値観が構築されることを意味しています。より自分の保育について、客観的な捉え方ができるようになると思います。

ウ　業務の見直しをする

① **事務仕事を精査する**

月案・週案・日案…保育日誌、連絡ノートなど「書く」ことが多いというのは、保育・教育の仕事にはつきものです。でも、同じような書類や記録を何回も書くのであれば、1つにまとめたり、書く欄を縮小したり、パソコンを使ったり、会議の議事録を書く係を持ち回りにしたり…と工夫すれば、新人保育者だけでなく全ての保育者の仕事量が減ります。

② **制作や壁面装飾など取捨選択をし、必要なものだけ実施する**

見栄えを気にして、保育者が残業して制作物に手を加えたりしていませんか。

　制作物自体が、その年齢にとって難しかったり、「手作りが良い」という考えを優先して、何が何でも保育者の手作りにこだわったり、必要以上に手を掛け過ぎていることもあります。「子どものために」という大義名分に縛られて、もっともっとと手を掛けているうちに、残業が当たり前になるという悪循環になります。運動会のプログラムを開くとピーターパンが張られた糸を伝ってとび出し…等、1枚作るのに30分もかけて「かわいい！」「子どもが喜ぶ！」と、最初は楽しいかもしれませんが70人分で35時間の残業を毎回強いられたら、誰でも辛くなるのではないでしょうか。

　どこかで、誰かが、というより管理職がブレーキを掛けることが必要です。

③　行事の在り方を見直す

　最初は子どもたちの生活の一場面だったはずの行事がどんどん大掛かりになり、行事の前日は園に泊まり込みが恒例になり、終わったらほっとして保育者が倒れるのが当然という園があると聞きます。

　行事はすべて必要なものでしょうか。汐見稔幸は、『これからの幼児教育』の中で、「一般的に組織では新しいことを始めるより、やめる方が難しい。1つ増やしたら1つ減らさない限り、内部で働く人の仕事量は増え続けることになります。多くの行事のある園では、子どもは練習に、保育者は準備に忙しい日々を送ることになるでしょう」と、行事の在り方について警鐘を鳴らしており、「行事の目的や効果をしっかりと議論し、精選していくことは、これからの保育を考えるうえで非常に良いことだ」と言っています。

　行事の見直しをすることは、園の職員全体が働きやすくなり、さらに日本の保育にとっても有意義だといえます。

④　良いところはどしどし褒める

　誰しも、叱られるより褒められた方が嬉しいに違いありません。取って付けたようなお世辞は本人を傷つけるだけですが、何か良い行動、例えば子どもへの声がけが適切だったとか、教材の準備が手早くできたな

ど、具体的に「良かった」と思うことがあったら、その場で「それ良かった！」と、言葉にするようにします。慣れずにドキドキしている時なので、後でまとめて言われるより新人保育者にとっては嬉しいことでしょう。

　新人保育者は、先輩たちのようにできなくて当たり前なのです。

　先輩保育者は、「どんどん教える！早く独り立ちできるように、いろいろなことを覚えてね」とばかり、早く現場になじむように頑張って指導したくなるものです。それが、本人にとって幸せだと思う親心ですが、先輩がその気持ちを少し抑えて、時間をかけ、丁寧に真摯に教えてくれれば、後輩は先輩の指導をしっかり受け止めて力を発揮していくものです。

　その代わり、してはいけないこと、例えば園のルールを破ったり、子どもに不誠実な対応をしたりした時には「それはダメです！」としっかり教えます。だめ出しをするのではなく、次から気を付けてもらうためです。

⑤　「ありがとう！」と感謝の気持ちを言葉にする

　④でも述べましたが、良かった時は褒め、同時にそれが嬉しいことだった場合には「ありがとう」と伝えるようにします。

　何かしてもらったり、仕事がはかどったりした時には、「すみません」ではなく「ありがとう」と言うようにします。先輩からの「ありがとう」の言葉は、新人保育者にとって何より嬉しく、また、彼らも「ありがとう」を言える人になります。

⑥　定時に帰る（それぞれがシフトの勤務時間を守る）

　「園長先生が残っているから」「先輩がまだ仕事をしているから」などの理由で、シフトで決められた終業時になっても帰れないという園があるといいます。それどころか、早番で仕事に入った先生は，最終まで残って仕事をするのが当たり前、という園があるとも聞いて驚きました。

　たとえ残業手当がついたとしても、職場での長時間の拘束は、どんなに健康に自信のある人でも体調を崩す原因になります（「福祉」という

呪文で、サービス残業をさせることは前近代的といえましょう）。

　特に新人保育者は先輩に遠慮して帰れないこともあるかと思います。

　「帰れって言っても、先生たちが帰らないのよね〜」などと言う園長先生、本気で言っているでしょうか。まず管理職が「時間になったら帰りなさい」と言ってください。

　問題は、職員は「子どものために良いと思っていることをしている」ので、エスカレートしてしまうことです。それを止めるのはいかがなものかという葛藤もあるかもしれませんが、ストップをかけられるのは管理職（園長）だけです。「仕事が終わらないから」と言う職員がいたなら、その時間内で終わるように、仕事の分量を時間内で終わる量に抑える（特に行事などの作り物など）か、時間内でできる方法を考えましょう。

⑺　新人保育者だけでなくみんなが働きやすい職場づくりをする

①　「定時に帰る」が合言葉

　開園当時、居残り仕事（しかもサービス残業）が当たり前だった園から来た先生は、「手を抜くことはできません！」と園長の筆者に怒るように言いました。話を聞くと、毎日毎日時間をかけて1ページ以上連絡帳を書き、クラスのお便りは集めて冊子にして配布する、日誌は子どもが帰ってから1杯コーヒーを飲んで、ほっとしてから書き始める、行事の制作物は見栄えが良く、毎月ほぼ全部作り直す…などなど、それをしないといけないと思っていたのです。「残業代は出ませんから、必ず定時に帰ってください」と伝え、連絡帳は必要なことを選んで書く、お便りは各クラスＡ４サイズ1枚に、日誌は手の空いた15分で書く、行事は子どもが主体で派手な制作物や装飾は子どもの邪魔、ということを説明しました。

　「園長先生が残っているのに帰れない」という園から来た人にも「帰ってください」とお願いしました。そして、定時に帰ったことを称賛しました。

　最初はびっくりしていた保育者たちも、定時に帰って夕食の支度をし

たり、家族と過ごしたり、ゆっくり休んだりすることができるようになり、また、そうしても居残っていた時と同じくらい仕事はできるし、自分も元気で子どもも生き生きしているということに気が付いて、今ではみんな時間になったら飛ぶように帰ります。仕事の手際も良くなり、みんなで取り組むということも定着して、運動会やお遊戯会の前日も閉園時間には園の明かりはすっかり消えています。それでも本園の運動会もお遊戯会も、他園に通っていたという兄弟が「すごいね」と言うくらい充実したものになっています。

　新人保育者は、そんな先輩たちの姿をしっかり見て安心して仕事ができるようになりました。そしてお陰様で、職員の定着率も良好です。

　ただ、これは1人でも守れない人がいると総崩れしていきますので、園長の役目はこのシステムを維持できるよう、管理することだと思います。

② 　お互いが認め合う文化を作る

　向上心は大事ですが、「あそこが悪い！」「ここが駄目！」と改善することだけに終始するのはやめるようにしています。反省会をするときは、まず「よかったこと」から、挙げて行き、「改善すること」につなげるようにしていきます。

　「角を矯めて牛を殺す」という諺があります。欠点を改めたら肝心の本体が潰れてしまったというような意味ですが、「改善する点」に終始すると、知らないうちに良いところまで失ってしまいがちなのです。

　いい加減にするのではなく、まず自分たちの良いところを共有し、そのうえで真摯に「改善点」を見つける方が、良いところが伸ばせて、改善点も改めることができると思います。

　そうすると自然に、互いに「それ良かったと思う」「○○さんのそんなところが良いよね！」と言葉にすることがたやすくなります。褒めると言うと、なんだか「いい子ぶってる」と思われるのではないかと躊躇する人がいますが、認め合うということは信頼関係を作るうえでも重要です。

　そして、感謝の気持ちを言葉にすることも大切です。

　「性格にもよる」と言って「ありがとう」が恥ずかしくて言えないというのは、社会人としていかがなものかと思います。感謝の気持ちを相手に伝えることが「ステキ！」と職場全体が思えるように、日頃から気を配ります。そんな文化ができれば、その中で、新人保育者も心地良く過ごすことができるはずです。

③　ダメなものはきちんと伝える

　職場ですので、いつも「いいよ、いいよ」と言うわけにはいきません。きちんと、禁止事項や職務規程は伝えます。いい加減な気持ちでは困ります。焦らず、慌てず、ヤケにならず、新人保育者も、「働く」「保育をする」という自覚をもって、真摯に仕事に臨んでほしいものです。

④　みんなで決めて、みんなで守る

　1人だけが良くても、ほかの人が辛くなればみんなが苦しくなります。

　困ったことについては、みんなで話し合って解決策を見つけていきます。みんなで自分たちの職場を良くしていく方法を考えましょう。

　こうしてみると、「みんなが働きやすい職場を作る」という気持ちが大切だということが理解できます。「新人保育者を大切に育てる」ということは、職場の全員が互いに大切にし合って、みんなで向上していくことなのだと思います。

　良いと思っていることでも最初はうまくいかないかもしれませんが、そんな時こそ管理職が焦らず、対応し続けることも大切だと思います。「ローマは1日にしてならず」と言います。

　保育はチームでする仕事です。リーダーである園長（管理職）の下、チームワーク良く、職員全員で力を合わせて頑張っていきましょう。

（参考文献）

1）池本美香「働き方改革と保育現場の課題」『保育の友』全国社会福祉協議会、2020年

２）汐見稔幸「全国から寄せられた園の悩みへのアドバイス──コロナ禍の今だからこそ子どもの育ちのために考えておきたいこと」『これからの幼児教育』ベネッセ教育総合研究所、2021年

３）白梅いずみ保育園園長「職員育成計画」2020年

４）鈴木正敏（監修）「大特集：新人保育者研修──園の保育力アップにつなげる！」『保育ナビ』２月号、2018年

５）保育士就活バンク「保育士１年目の悩み。よくある失敗と対策」（https://hoikushi-syusyoku.com/column/post_880/）最終アクセス2021年５月31日

６）横浜市泉区園長会「新人保育士に何を望むか（アンケート調査結果）」2017年

〈コラム４　新型コロナ・ウイルスとの戦い〉

【園の状況】

　昨年の１月に「ウイルス感染者が出た」という時点から、２歳児以上のマスクの着用、手洗い・うがいの徹底、ベランダからの引き渡し、横並びでの給食、行事の見直し…など段階的に対応をしてきました。また、４月から「緊急事態宣言」が発令され、育休期間が延長され新入園児のほとんどが家庭保育となり、医療、警察、消防、金融、流通、教育・保育従事者の、本当に保育が必要な子どもだけの登園期間が２か月続きました。また、今年の１月には保護者と園児の罹患も発生しました。

【新型コロナへの影響と対応】

　職員は、感染防止に努めながら、必死に日常保育ができるよう、心を砕きました。

　その時その時の自治体の指示に従い、一番良い方法は何か考えながら対応してきましたが、どんな影響があったのか、子ども、保護者、園の順に整理してみます。

　子どもにとって一番大きな変化は、それまで、日頃から積み上げてきた経験や力が、2回の緊急事態宣言の発出で中断されてしまったこと、日常の生活ができなくなったことが一番大きな問題になります。

　乳児は、保育園の生活の流れがわからず、登園してもなかなか保育園の生活になじめない子どもも出ました。0歳児は特にトイレットトレーニングの遅れが見られ、1歳児では、環境になじめず（今も）大きな声を出したり、噛みついたりして落ち着くまでに時間が掛かっている子どもがいます。（令和3年5月時点）

　幼児は、日常生活を通して学び身につくはずの、並んだり、人の話を聞いたり、自分の思いを伝えたりする「社会生活のマナー」、成長に伴って行われる表現活動や造形活動、「歩く・座る・ジャンプする」などの基本的な運動能力、「描く・折る・切る」などの道具を使った創作活動など少しずつ身につくものの積み上げがなかなかできず、充分な力の獲得が出来なかったように思います。

　また、緊急事態宣言期間中に行われるはずだった、保育参観や5月

に行われている個人面談、いちご狩り、交通安全教室などが中止となり、その後も「密になる」ことを避け、園舎内に大勢の人が集まる夕涼み会は中止、幼児だけで運動会を、2歳から上のクラスだけで、クラスごとのお遊戯会を実施するなど、子どもの体験の機会が大きく減ってしまいました。子ども達はそれなりに活動を楽しんでいるように見えますが、そこに参加できなかった子どもたちへの影響が心配されます。

　保護者との関係にも影響が出ました。個人面談が中止になり、直接面談する機会が無くなり、連絡帳や朝夕の送迎時に交わす言葉がけのみになってしまったことは、保護者と保育士が情報交換しながら信頼関係を築く場が例年に比べ、縮小されたことになります。日頃から丁寧に保護者との関わりを持ってきたからこそ、今までしてきたことができなくなるということがなかなか受け入れがたい保護者もいました。

　また、保育参観の中止や園舎外での受け渡しは、子どもたちの日常生活そのものと、保護者が入室することによって自然に目に入る掲示物や保育室の姿を観ることができず、「保育の今」をそのまま受け入れてもらうことが難しくなってしまいました。

　保護者の大半が職場と家庭という2つのステージを持っており、職場での「コロナ対策」にストレスを感じていたり、慣れないテレワークやオンラインでの勤務自体にもひどいストレスを抱えている人も多く、そのことによって、子どもに辛く当たってしまったり、保育士に感情をぶつけたりして、自責の念に駆られ、またそれがストレスになっているという悪循環の保護者もいました。コロナ対応のストレスに一生懸命耐えている職員に、（たとえ、1人であっても！）保護者の感情をぶつけられることは職員の意欲をそぎかねません。主任や園長が対応していますが、それにも限界があります。

　園全体としては、子どもたちの集団の特性として、「乳児はマスク

ができない」「保育士が直接排泄の世話をする」「子どもはじゃれ合っ
て遊ぶ」など、接触と飛沫感染の防止が難しいため、園児から１人罹
患者が出るだけで、多くの職員が濃厚接触者になり、２週間出勤停止
となってしまいました。また、職員だけでなく職員の家族も（家族が
濃厚接触者になってしまったので）出勤や登校ができなくなる、とい
う家族の生活にまで影響が及んでしまいました。

　また、園自体が２週間休園になり、一部再開されても少ない職員数
で保育にあたりながら、その間、罹患者の人権を保つための配慮をし
ながらの役所との応対、お知らせする手紙の作成と配付など、休園に
伴う対応と精神的なストレスは計り知れないものがありました。そし
て何より、いつまでこれが続くのか、という見通しの持てない大きな
不安を抱えています。

【学んだこと・これからの保育に臨むにあたって】
　子どもから罹患者が出てしまいましたが、濃厚接触者になった保育
士13人、乳児16人は検査の結果、全員が陰性だったことを考えると、
マニュアルに従い、日頃の安全に配慮した保育の仕方が功を奏したと
言えると思います。排泄介助の時の手袋使用、徹底的なマスクの使用、
手洗い・うがい、室内の換気など、３密を防ぐ基本的な方法を気を抜
かずに徹底して行ったことが、感染の広がりを防いだと考えられます。
　また、日頃からの保護者との連携や園での迅速な対応が、早い集団

検査に結び付いたとも考えられます。

　それらを考えると、①日頃からのきちんとした保育、②いざという時のしっかりとしたマニュアルの作成、③迅速で誠実な行動などが必要で、それらは日頃からの④「保育に向かう職員の姿勢」の蓄積が、力となって発揮できたのだと思われます。

　さらに、罹患者が出たときの職員の動揺（驚きや、自分の罹患への恐怖、家族のこと、先行きの不安）は計り知れませんが、⑤励まし合い、助け合って乗り切っていく職員集団の力が救いとなりました。日常の職員集団の在り方はとても大切です。

　これからも、「全員で力を合わせて『子どもの最善の利益』を目指した保育をしていこう！」と職員全員が思っています。

＊コラムの記載にあたり、すべての関係者の同意を得ています。

著者紹介

原　信夫（編者）

立教大学学生相談所カウンセラー・現代心理学部教授

教育相談所、児童相談所、精神科クリニックなどで臨床心理士として勤務の後、清和大学短期大学部にて教員として保育者養成に関わる。その後、現職。
第3章3、第4章2担当。

江津　和也（編者）

淑徳大学総合福祉学部准教授

聖ヶ丘教育福祉専門学校、横浜保育福祉専門学校、清和大学短期大学部の教員を経て現職。各校にて教員・保育士養成に関わる。
第1章1、第2章1担当。

桃枝　智子（編者）

淑徳大学総合福祉学部准教授

保育者養成短期大学の附属幼稚園教諭として保育実践、実習生指導に携わる。その後、専門学校、短期大学の教員を経て現職。
第2章2、3担当。

伊東　健

社会福祉法人恵友会幼保連携型認定こども園すぎのこ保育園園長

八戸市立長者中学校、弘前大学教育学部附属中学校など8校で23年間社会科の教員として勤務。その後、すぎのこ保育園を経て現職。
第4章1、コラム3担当。

亀井　以佐久

学校法人亀井学園寺尾幼稚園園長・鎌倉女子大学非常勤講師

大学院にて保育者の「わざ」、「熟達」について研究を行う。幼稚園協会にて保育者の研修、清和大学短期大学部にて保育者養成に携わり、現職。
第3章2、4、コラム2担当。

小林　由香

学校法人塩原育英会太陽第二幼稚園副園長・洗足こども短期大学非常勤講師

幼稚園において担任教諭、学年主任、教務主任を経て現職。保育とともに教員指導に関する研究を行っている。
第3章1担当。

原　麻美子

社会福祉法人東京児童協会江東区白河かもめ保育園園長・千葉経済大学短期大学部子ども学科非常勤講師

保育の現場と保育者養成校にて教育・保育に関わる。幼稚園・認定こども園勤務を経て現在に至る。保育に従事しながら教職大学院を修了。
第3章5担当。

吉濱　優子

社会福祉法人白梅福祉会白梅いずみ保育園園長・鎌倉女子大学等非常勤講師

聖ヶ丘保育専門学校付属幼稚園教諭、聖ヶ丘教育福祉専門学校、横浜保育福祉専門学校、新渡戸文化短期大学の教員を経て現職。横浜市内の子育て支援事業に従事し、各校で保育者養成に関わる。
第1章2、第4章3、コラム4担当。

松田　笑美子

元川崎市公立保育園園長・元洗足こども短期大学客員教授

川崎市の公立保育園において40年間保育士として勤務。園長を務める。退職後、洗足こども短期大学にて保育者養成に携わる。
コラム1担当。

寄り添い・ともに考える
事例解決　若手保育者の育て方

令和4年5月10日　第1刷発行

　編　著　　原　信夫・江津　和也・桃枝　智子

　発　行　　株式会社ぎょうせい

　　　　　　〒136-8575　東京都江東区新木場1-18-11
　　　　　　URL：https://gyosei.jp

　　　　　　フリーコール　0120-953-431
　　　　　　ぎょうせい　お問い合わせ　検索　https://gyosei.jp/inquiry/

〈検印省略〉

印刷　ぎょうせいデジタル株式会社　　　　　　　ⓒ2022 Printed in Japan
※乱丁・落丁本はお取り替えいたします。
ISBN978-4-324-11078-2
(5108766-00-000)
[略号：若手保育者]